中國學術思想 研究輯刊

十四編

林慶彰 主編

第30冊

唯識思想對經部的承接與批判
——以世親《唯識二十論》爲中心

吳晧菱 著

花木蘭文化出版社

國家圖書館出版品預行編目資料

唯識思想對經部的承接與批判——以世親《唯識二十論》為中
心／吳皓菱 著 — 初版 — 新北市：花木蘭文化出版社，2012
〔民 101〕
目 2+166 面：19×26 公分
（中國學術思想研究輯刊 十四編：第 30 冊）
ISBN：978-986-322-040-4（精裝）
1. 唯識 2. 佛教哲學
030.8 101015396

ISBN-978-986-322-040-4

9 789863 220404

中國學術思想研究輯刊
十四編 第三十冊 ISBN：978-986-322-040-4

唯識思想對經部的承接與批判
——以世親《唯識二十論》爲中心

作 者 吳皓菱
主 編 林慶彰
總 編 輯 杜潔祥
出 版 花木蘭文化出版社
發 行 所 花木蘭文化出版社
發 行 人 高小娟
聯絡地址 新北市永和區中正路五九五號七樓
　　　　 電話：02-2923-1455／傳真：02-2923-1452
網 址 http://www.huamulan.tw 信箱 sut81518@gmail.com
印 刷 普羅文化出版廣告事業
封面設計 劉開工作室
初 版 2012 年 9 月
定 價 十四編 34 冊（精裝）新台幣 56,000 元

唯識思想對經部的承接與批判
——以世親《唯識二十論》爲中心

吳晧菱　著

作者簡介

吳晧菱，東吳大學中國文學系、國立台灣師範大學國文系碩士班畢業。碩士論文主題為《唯識思想對經部的承接與批判——以世親《唯識二十論》為中心》（指導教授：李幸玲老師），並曾於高雄道德院佛學論文發表會發表單篇論文《佛教極微說探析》、南山放生寺佛學論文發表會發表單篇論文《獄卒生起說初探——以《唯識二十論》為中心》，皆榮獲獎助學金。

提　要

　　本文寫作的動機，乃因讀了唯識家世親所造之《唯識二十論》，發現世親為證實「三界唯識」及「外境非實有」的理論，批判了許多不同的部派，並以破為立。其中值得注目的是《唯識二十論》批判了經部，而在佛教發展史上，多認為經部與唯識學有相當密切的關連。

　　世親，本從有部出家，後來吸收經部學說造《俱舍論》，《俱舍論》中多處捨棄有部理論而採用經部義。所以筆者認為，在經部乃至於唯識學派中，世親皆佔有一個很重要的關鍵地位。故本文選擇《唯識二十論》作為研究文本。在本文第二章探討經部的源流與發展，先從漢譯論書中探討經部各種譯名與其內涵，再探討從《大毘婆沙論》中之譬喻者、《成實論》論主訶梨跋摩、《俱舍論》論主世親、新有部論師眾賢《順正理論》中記載之經部上座室利邏多之時代與經部所關注的議題。第三章透過世親在《唯識二十論》中批判經部的部份如「種習論」與「極微說」，去回溯世親所批判的經部思想之源流，以及其他相關的經部思想如「心、意、識結構」、「時間觀」與「認識論」。第四章則是再進一步檢討世親對在《唯識二十論》中對經部思想的批判是否得當。最後，以世親進入唯識學派後，在相同的議題上如何以唯識的觀點作解釋。

目

次

第一章　緒　論

第一節　研究動機

在印度佛教史上，唯識學佔有相當重要的地位。西元四、五世紀左右，無著與世親兄弟，依彌勒菩薩所傳，廣作論書，其學被稱爲「瑜伽行派」，與龍樹之中觀派，合爲印度大乘佛教之二大柢柱。

瑜伽行派的根源，按印順法師在《印度佛教思想史》中言：

> 在未來彌勒的信仰下，北方有不滿說一切空，不同意偏讚大乘的彌
> 勒學；也有含攝離越寺所傳的聲聞瑜伽，彌勒的大乘瑜伽行；北方
> 確有姓彌勒被稱爲菩薩的大德。〔註1〕

而無著生於以上背景的北印度，雖出身於部派，但在教理上總有窒礙難通之處。無著修彌勒行，得彌勒之法，解決了在聲聞學派中不得之法，並以此集出傳說爲彌勒所傳之《瑜伽師地論・本地分》，也就是《十七地論》，此即爲瑜伽行派之根源。然而眞正廣破佛教其他部派與外道，爲瑜伽行派建立起系統性理論架構的，是無著之弟——世親菩薩。

世親菩薩，或譯作婆藪槃豆或天親，爲北印度犍陀羅國富樓沙富羅人，早年從說一切有部出家，並隨阿緰闍國法師婆娑須拔陀羅習毘婆沙義。世親精通十八部義，但不信大乘。後無著稱病，趁世親相探之時，爲其說大乘義。世親因此由小入大，廣作論書，宏揚瑜伽唯識之義。並得「千部論主」之美稱。

〔註1〕 印順法師：《印度佛教思想史》，（台北：正聞出版社，1988.01.01）頁 246～247。

　　世親之著作數量豐富，未入大乘前的重要著作為《阿毘達磨俱舍論》，在《俱舍論》中述一切有部之要義，但又針對其缺失，在長行之中引經部義破之。由此可知世親不但精通說一切有部義，亦精通經部義。轉入瑜伽大乘後，著有闡發彌勒思想之著作，如《大乘莊嚴經論釋》、《辯中邊論釋》、《金剛經論釋》；闡發無著思想之作，有《攝大乘論釋》、《習定論釋》；註解大乘經典之作，如《十地經論》等；另亦有闡發自己思想之著作，如《佛性論》、《發菩提心論》、《大乘成業論》等。而其中成「唯識義」的重要著作，是《唯識二十論》與《唯識三十頌》，前者有頌有論，後者只有頌文。《唯識二十論》主要目的在於「破邪顯正」，也就是破除其他部派及外道執持「境為實有」的立場，並一一駁斥其對於唯識家之質疑。進而顯出「唯識無境」之理。然而對於「唯識無境」的基本立場——賴耶緣起之理論架構，要到《唯識三十頌》才有詳細的發揮。

　　《唯識二十論》的特出之處，在於其明確提出一核心的問題點：「境為實有還是非實有？」在原始佛教中，釋迦牟尼之三法印「諸行無常、諸法無我、涅槃寂靜」中的諸法無我，便是說一切法是因緣起，並沒有一個恆常不變的實體存在。釋迦牟尼如此之說，是要破除世人對「有」的執著。而緣起說也成為釋尊對宇宙中有情之身心與所認識之對象的分析——「蘊、處、界」——的基礎，另在阿含經中的《緣起經》提到

　　　　云何為色？謂諸所有色。一切四大種，及四大種所造。〔註2〕

一切色法，包含我們的色身與所認識的外境，皆是四大種所造色。原始佛教對此仍是歸到緣起說上，因緣聚則起，因緣散則滅，並不特別探討色法假實問題。但到了部派乃至於大乘，境的實有與否則成為論爭的焦點之一，由於境的實有與否，牽涉到各派對於色法之生成、空、有之定義、對色法的認識如何可能等理論的差異。而《唯識二十論》，正提供了一個門戶，讓後人得以理解當時唯識家與其他部派、外道，在外境的形成理論上最直接的交鋒。

　　另唯識在業力說方面，受到聲聞學派中經部的影響甚大。業力說的探討分為兩個重要的部份，一為業力存續的問題，也就是業因與業果之間的聯結。佛教倡無我說，自然必須面對輪迴轉世時，業力所依對象為何的質疑。不同派別有不同解釋，而經部則是建立了種子說，並為唯識學所繼承與改造；二為種習論，也就是熏習說，業種子如何受到熏習與如何生起一切法。〔註3〕在

〔註2〕 《緣起經》（CBETA, T02, No.124, p.547, c10-11）。

〔註3〕 黃雪梅：〈經量部的業思想研究——試析在《中論》『業品』中的種子譬喻和

種習論部份，唯識家與經部便出現了歧義。基於以上原因，在理解《唯識二十論》時，特別容易關注到《唯識二十論》與經量部所產生爭論的焦點，故筆者選擇《唯識二十論》作爲研究之底本，並根據《唯識二十論》探討其中所引之經部義與其它相關資料中所見之經部義思想之闡述，試圖藉此建立經部學說之概要，並透過二十頌中唯識思想對於經部義之理解與批判，見其對於經部思想的繼承與轉化。

以下就本篇論文所關注的兩個研究範圍：「《唯識二十論》」與「經部」之狀況作一說明。

一、《唯識二十論》

對於《唯識二十論》之作者世親，前文中已略有介紹，故以下將針對《唯識二十論》在中國的譯本、注疏、寫作背景及主旨作一整理。

（一）《唯識二十論》中譯狀況及注疏

《唯識二十論》，世親作於《唯識三十頌》之前。在世親的唯識學中，是以《百法明門論》爲主要綱領，以《唯識三十頌》完成其唯識說之主要理論基礎。《唯識二十論》，重點在於破除外道及其他部派之說，以證成「唯識無境」之理。故《唯識二十論》是破而不立，而《唯識三十頌》立重於破。在唯識學中有「一本十支」之說，乃是以《瑜伽師地論》爲本論，對闡釋本論的稱爲支論，如《五蘊論》、《百法論》、《攝大乘論》等，而十支之中，《唯識二十論》是「摧破邪山支」；《唯識三十頌》則是「高建法幢支」。由此可知世親造兩論目的之不同。

《唯識二十論》在中國有三種譯本。一爲北魏・般若流支所譯，名爲《大乘楞伽經唯識論》；二爲陳・眞諦所譯，名爲《大乘唯識論》；三爲唐代玄奘三藏所譯，名爲《唯識二十論》。這三個譯本在內容上略有出入，在頌文的數量上亦有所差異。般若流支之譯本爲二十三頌；眞諦之譯本爲二十四頌；而玄奘之譯本爲二十一頌，是於二十頌的內容之外再加一結頌。本論文所使用之中譯底本爲玄奘之譯本《唯識二十論》。

《唯識二十論》之注疏極多，在印度方面以護法所造，唐・義淨所譯的《成唯識寶生論》五卷最爲重要。在中國方面，有唐・窺基撰寫的《唯識二

細心相續，業力因果之間的關聯性和矛盾性〉，（《正觀雜誌》，1997.12.25）頁153～154。

十識論述記》二卷，及新羅圓測撰寫的《唯識二十論疏》二卷等。

（二）寫作背景

「外境是否爲實有」，此問題在部派之間引發很大的論爭。外道如勝論派、數論派，內道如說一切有部、正量部、犢子部、經部等，均執外境爲實有，並承認極微之說。而佛教史上有一說，認爲唯識學依《大方廣佛華嚴經·十地品》中云：

> 三界所有，唯是一心。如來於此分別演說十二有支，皆依一心，如是而立。〔註4〕

以及《大方廣佛華嚴經·夜摩天宮菩薩說偈品》中云：

> 心如工畫師，畫種種五陰，一切世界中，無法而不造。〔註5〕

以上經文所言，三界中所有，均是有情之心識所變現，一切法並沒有客觀存在的實體。另外在《瑜伽師地論》中亦云：

> 我說識所緣唯識所現故。〔註6〕

識所緣之外境，爲識之所現，建立了萬法唯識的概念。〔註7〕

世親在《唯識二十論》中並未直接說出其作《唯識二十論》之目的，而窺基《唯識二十論述記》，則認爲其目的爲「令法久住，利益有情。」、「令知第三時教，契會中道。」、「遮此種種異執，另於唯識深妙理中。」一切經論均是要使己之教法得以永住而利益眾生，契會唯識妙法，是所有唯識經論之共同目標，故前二者均非本論之獨有的目標。而後者言破除小乘及外道之異

〔註4〕 《大方廣佛華嚴經》卷37〈26 十地品〉（CBETA, T10, No.279, p.194, a13-15）。

〔註5〕 《大方廣佛華嚴經》卷10〈16 夜摩天宮菩薩說偈品〉（CBETA, T09, No.278, p.465, c26-27）。

〔註6〕 《瑜伽師地論》卷77（CBETA, T30, No.1579, p.724, a6）。

〔註7〕 于凌波在其《唯識二十頌講記》中提到：「基於以上經論所述，唯識思想的要點，是否定可以做爲客觀外境的實在性，以建立萬法唯識所變的理論，其理論基礎可以下列三義說明：一、世間萬法，由根身以至器界，皆是「三能變識」之所變現，而第八阿賴耶識儲藏的萬法種子，實爲萬法的本源。二、三能變識變現時，各各識體上變現出相、見二分，見分是能認識的主體，相分是所認識之境的影像，由見相二分的「能分別」與「所分別」，始有宇宙人生的存在。三、宇宙人生，因相、見二分而顯現，而相、見二分又皆爲心識所變現，離此心識即無宇宙人生之存在，此所以成其萬唯識之義。」（于凌波：《唯識二十頌·觀所緣緣論新釋合刊》〈《唯識二十論》講記〉，台北：圓明出版社，1999.01.01），故「唯識無境」所依的基本理論，以唯識學當中「識轉變」之教理爲主，而關於「識轉變」的詳細思想，須待《唯識三十頌》中方有完整架構。

執，以顯出唯識之妙理，與其他論書相較，顯理之目標一致，在方法上卻有所不同。本論「以破作立」，先提出「唯識無境」之宗旨，在一一擊破外道與小乘對此宗旨所產生的質疑，以此突顯出「唯識無境」之妙理。

對於一個新宗派而言，要在各家爭鳴的狀況下立下穩固的根基，除了完整深厚而有系統的教理外，亦必須突顯出自己本身異於甚至優於其他派別教理之處。因為這樣的背景，故有《唯識二十論》的產生。

（三）內容結構

《唯識二十論》共有二十頌加上一結頌，以正文的二十頌內容，可以做以下區分：

1、外人詰難

共七難，按先後順序為：1.四事不成難，2.外人現量難，3.夢境不同難，4.二識決定難，5.夢境業果不同難，6.殺業不成難，7.他心智難。首頌以「若識無實境，即處時決定，相續不決定，作用不應成。」，說明外道與小乘對「唯識無境」的四點質疑。也就是若唯識無境，那麼必須在「同時才能見同一物」、「同處才能同見一物」、「外境由多人共見，不能由一人所見」、「外境對眾生所產生的作用」是不能成立的。接下來六難，便是由此延伸。若唯識無境，則對於外境的認識如何可能？現境夢境如何相提並論？親近善法惡法如何成立？夢中之善惡業無果報，與現境善惡不同如何解釋？殺生之罪是否成立？他心智與唯識無境是否矛盾？針對此七難，唯識家以一一辯破，以回歸「唯識無境」之宗旨。

2、以頌文作科分

于凌波在〈唯識二十頌講記〉中，按主題與內容將頌文作出科分如下：

（1）第一頌：設難生起。

（2）第二、三頌：唯識家舉出夢等譬喻，證明「四義得成」，以成唯識義。

（3）第四、五、六頌：唯識家否定獄卒的實有性以成唯識義。

（4）第七、八頌：解釋外人引聖教不成、以成唯識義。

（5）第九頌：略示二無我義。

（6）第十至第十四頌：以一、多破外境實有，以成唯識義。

（7）第十五頌及第十六之上半：破妄執現量以成唯識義。

（8）第十六頌下半頌：示在夢不覺以成唯識義。

（9）第十七頌上半頌：明二識轉決定以成唯識義。

（10）第十七頌下半頌：顯示睡眠時心壞以成唯識義。

（11）第十八、十九頌：引意罰爲重以成唯識義。

（12）第二十頌：釋他心智不如實以成唯識義。〔註8〕

在頌文長行之中，世親並未特別指明詰難之小乘與外道之派別，但在窺基《唯識二十論述記》中有清楚的記載。

（四）《唯識二十論》相關問題

在木村泰賢〈部派佛教中的幾大問題〉〔註9〕一文中歸納出三點：1.佛陀觀；2.有情觀；3.修證論。而依《唯識二十論》所關注的焦點，更是集中在有情觀上，如有情的本質、有情的心識、有情的輪迴，並由此延伸到有情所居住的世間實在與否、對於法的認識如何可能。而此亦牽涉到各部派對於根、境、識以及輪迴中業力所依的看法。

世親作《唯識二十論》主要需面對的問題便是部派與外道對於「唯識無境」理論的質疑。我們可以從兩個面向來思考，一爲輪迴、業力所依爲何？二是有情所居住的世間實在與否。第一個部分在古印度哲學有中有「阿特曼」、而部派佛教爲處理這個問題而提出各種說法，如犢子部的「非即蘊非離蘊我」、說一切有部的「假名我」、化地部的「窮生死蘊」等，均爲解釋輪迴時業力所依的對象。在第二部分印度哲學中六師外道有唯物論者，認爲構成自然界與人類身體的要素爲地水火風四大元素，並沒有獨自存在的靈魂；或者認爲人的組成成分爲七要素或十二要素，人有獨立靈魂，但靈魂仍是物質性的存在。〔註10〕在部派佛教方面依古印度哲學中已有之極微論，討論外境的形成與我們對外境的認知。無論是四大要素還是極微，均是肯定了外境由實有物組成，並可加以分析至最小單位，乃是以存在論的角度探討這個有情所居住世界的成因。然而在唯識思想中所建立的「唯識無境」，則是從認識論的角度破除我們認爲外境實有而生起執著之心。按唯識學三性說，對依它起認爲其爲實有而生遍計執，故必須從「認爲外境實有而對其產生執著」爲錯

〔註8〕 于凌波：《唯識二十頌·觀所緣緣論新釋合刊》〈《唯識二十論》講記〉，（台北：圓明出版社，1999.01.01）。

〔註9〕 木村泰賢〈部派佛教中的幾大問題〉，現代佛教學術叢刊第95期，1980年，頁51～65。

〔註10〕 水野弘元等著，許洋主譯：《印度的佛教》（台北：法爾出版社，1988年）頁6～15。

誤的認識，破除此錯誤認識，理解一切法實相，便為圓成實。《唯識二十頌》即是在如此情況下，為建立起正確認識的唯識義而先破除部派與外道之說。

理解了《唯識二十論》成立的背景後，對於其中與外道及部派所爭論的焦點便可有以下釐清：

1、對於輪迴、業力所依則有種習論之探討

2、對於有情所居住世間的存在與否有極微說之探討

3、就有情如何認識外境方面則有根、境、識、現量之探討

二、經　部

經部之專著，據玄奘的說法，上座室利邏多曾在阿逾陀作了經部的根本毘婆沙，〔註11〕包含了經部的重要思想，但本書不傳。經部思想主要散見於以下各論書之中：

（一）傳經部思想之論書

1、《大毘婆沙論》中之譬喻師

《大毘婆沙論》中的譬喻師，被視為經部的前驅。譬喻師原屬於說一切有部，以鳩摩羅多為主要人物，作有《喻鬘論》。而有部四大家的法救、覺天等，亦可算是譬喻師中人物，以四諦概括佛說製作其主張綱領，並依照《法句經》的要旨組織學說，解釋各別諦相，依修道而論之。譬喻師用一心法貫穿四諦理論，運用分別說方法，對於一切所知境界聯繫修道實際來區別假實，例如有為相、因緣、表無表業、擇非擇滅都無實體，和有部相對立。〔註12〕

2、訶梨跋摩《成實論》

訶梨跋摩為鳩摩羅多之弟子。訶梨跋摩認為師說並未完全拋去有部之學，因此至阿逾陀隨多聞部學習。多聞部之學風自由，並採用大乘的說法，訶梨跋摩便在這樣的學風下，完成了《成實論》。《成實論》吸收分別說部的所長，評破各家，但重點仍是針對有部。而其四諦之說針對有部立言，與舊譬喻說有所不同。〔註13〕而《成實論》，印順法師則認為其從經部流出而折衷

〔註11〕此為書的性質，並非書名。（呂澂：《印度佛學源流略論》，（台北：大千出版社，2003）頁251～252）。

〔註12〕本處說法參考呂澂：《印度佛學源流略論》（台北：大千出版社，2003）頁246中之說法。

〔註13〕呂澂認為《成實論》不能說是譬喻師的正宗，而真諦認為《成實論》為經部

大眾分別說系，將無表業攝於不相應行中。對有漏種子的解說，也就是經部的種習論。〔註14〕

　　3、世親《俱舍論》

　　世親早年自說一切有部出家，作《俱舍論》述有部之要義。世親以《俱舍》闡述一切有部之教理，但一方面又以批判態度，用經部與大眾部等學說修改有部部分思想。《俱舍》之教理多採自《大毘婆沙論》，又本書的體系和思想之整理方式，傳說曾受法救所造《雜阿毘曇心論》的影響。在本論中，關於業力、種習論、心不相應行等，有引經部之說法。故在《俱舍》中亦能見到世親所傳經部思想之梗概。

　　4、眾賢《順正理論》

　　《順正理論》原名《俱舍雹論》，是一切有部論師眾賢，對世親雜有經部義之《俱舍論》不滿，故以批判性的方式對《俱舍論》做出註解。辯駁了其中「意朋經部」之處，並對經部學說之來源作了詳細的探究。故《順正理論》的基本立場，就是引《俱舍》含有經部義之處，並大加撻伐。《順正理論》中所引之經部義，以上座室利邏多爲大宗，其次爲譬喻師，再其次爲上座門人大德羅摩。故在《順正理論》中，可了解《俱舍論》中世親所傳的經部義，亦可了解室利邏多之主張。

　　（二）經部相關問題

　　1、經部初期、本宗與末計的問題

　　經部爲部派中較晚出的派別〔註15〕，自說一切有部分出後便與其對立，而經部本身也有其演變，如窺基《成唯識論述記》中云：「譬喻師是經部異師，及日出論者，是名經部。此有三種：一、根本，即鳩摩羅多。二、室羅利多，造經部毘婆沙，正理所言上座是。三、但名經部，以根本師造結鬘論廣說譬喻名譬喻師，從所說爲名也。其實總是一種經部。」呂澂〈略述經部學〉認爲以法句經爲主要樞紐組織學說的譬喻師、論經師與日出論者均是經部的前驅，從譬喻師轉變爲經部本宗主要代表人物爲室利邏多，主要主張紀錄於《順

　　　　之著作，是不恰當的。（同上注）。
〔註14〕印順法師：《唯識學探源》，（台北：正聞出版社，1944.10）。
〔註15〕「至（佛滅後）第四百年初，從說一切有部復出一部名經量部，亦名說轉部，
　　　　自稱我以慶喜爲師。」世友著，唐・玄奘譯《異部宗輪論》，大正藏第四十九
　　　　冊, No.2031。

正理論》之中。另外經部後期則是宗經之外更信奉法稱的《七部量論》，爲一種隨理的派別。劉定權的〈經部義〉則是以經部剛從一切有部分出時所倡之義，主要討論對象爲根邊蘊、一味蘊及勝義補特伽羅〔註16〕爲初期，次期學說則以譬喻師爲主，後期學說則以經部上座室利邏多與其門人大德邏摩爲主。經部的分期牽涉到經部內部的發展以及其關注焦點的變化，首先會碰到的問題便是《唯識二十論》所批判之經部爲哪一時期的經部？甚至爲經部分期此點是否恰當，亦不失爲一探討的面向。若《唯識二十論》所批判非成熟之經部思想，那麼對於唯識思想與經部各期的關係則須重新作一審視與整理。

　　2、經部釋名與說轉部

　　（1）經部釋名

　　在窺基《異部宗輪論述記》中對經部釋名爲「此師依經爲正量，不依律及對法，凡所援據，以經爲證，及經部師，從所立以名。」呂澂認爲這樣的說法並不完全正確，經部本名應爲說經部，梵文音譯爲「修多羅婆提那」（Sutravadina），「婆提那」即是「說」，而其所依之經爲優婆提舍，屬於十二分教中的論議，《成實論》之譯本裡稱之爲論經。經部本以論經爲主，後乃廣泛運用一切經。故若單純只以「依經爲正量」則不能明經部之眞義。而在水野弘元等著《印度的佛教》中對經部所依之經的解釋爲「說一切有部撤開《阿含》經典之說，只依據阿毘達磨說構成他們的主張；經部反對這點，乃以《阿含經》爲量（標準）成立他們的學說」〔註17〕，由此可知對於經部所依之經，說法亦有不同。

　　（2）經部與說轉部

　　《異部宗輪論》中言「至第四百年初，從說一切有部復出一部，名經量部，亦名說轉部，自稱我以慶喜爲師。」，「其經量部本宗同異：謂說諸蘊有從前世轉至後世立說轉名。」〔註18〕，窺基《異部宗輪論述記》亦解釋：「經量部亦名說轉部者，此師說有種子，唯一種子，現在相續，轉至後世，故言說轉，至下當知。舊云說度部。」〔註19〕。印順法師在《唯識學探源》中提

〔註16〕《異部宗輪論》所言之經部：「有根邊蘊，有一味蘊，異生位中亦有聖法，執勝義補特伽羅。」與劉定權所言之早期經部相同，但其中對於經部分歧及各時期思想仍尚待釐清。

〔註17〕水野弘元等著，許洋主譯：《印度的佛教》（台北：法爾出版社，1988年）頁96。

〔註18〕世友著，唐・玄奘譯《異部宗輪論》，大正藏第四十九冊, No.2031。

〔註19〕同上注。

及錫蘭傳說經部從說轉部流出，並不是一派，並言經部本計爲說轉部，末計是依譬喻師所流出的經部。說轉部爲有部與犢子系的折中者，建立勝義補特伽羅，而經部時間稍晚，成立於西元二世紀末，以放棄補特伽羅並有轉向分別說的趨勢。〔註20〕若需解決《唯識二十論》所批判之經部爲何時期之經部，首先必須處理的便是經部本身流變，再者便是經部與說轉部之間的關聯。

（3）經部的主張

經部思想中關於隨界說、種習論、時間觀、心心所說及認識論等，對後世佛教，尤其是唯識學，具有相當的影響。在新有部論師眾賢的《順正理論》中，記載經部上座室利邏多之「舊隨界」說，其內容與《俱舍論》論主世親所提出的「種子」之「相續、轉變、差別」，在功能和內涵上有部份雷同之處，其後世親進入大乘唯識學派，主張「阿賴耶識」說，並仍採用種子熏習的理論，此點的確是受到經部種習論的影響。另外從種習論所延伸出的業論、時間觀、心心所說與認識論也是本文所欲探討的目標。

因以上在資料的閱讀中產生諸多的疑問，故本文擬以《唯識二十論》爲主要對象，探討二十頌中所引之經部義與其它相關資料中所見之經部義思想之闡述，試圖藉此建立經部學說之概要，並透過二十頌中唯識思想對於經部義之理解與批判，見其對於經部思想的繼承與轉化。

第二節　近人研究成果

在近人研究成果方面，分爲《唯識二十論》研究成果與經部研究成果，《唯識二十論》之研究有文獻翻譯與相關典籍研究，在文獻學上提供了重要參考，而疏解與白話闡述部分則讓研究者在義理方面能有更清楚的理解。經部相關研究主要以日人爲大宗，而台灣學者亦有單篇論文研究，對於經部各不同的概念均有深入的探討。以下分別列出在這兩方面近人研究之主要貢獻：

一、《唯識二十論》

（一）文獻翻譯與相關典籍研究

《唯識二十論》方面將梵本與其它譯本做對照與研究的，有日本學者寺本婉雅譯注的〈梵藏漢和四譯對校世親造唯識二十論疏〉和宇井伯壽著《四

〔註20〕印順法師著：《唯識學探源》（台北：正聞出版社，1944）頁59。

譯對照唯識二十論研究》，依各種語言的譯本相互對照，並作文字上的對校、比較與研究，爲研究《唯識二十論》的人提供完整的文獻學基礎。若以漢譯爲研究底本，則更需參考梵本，方能清楚漢譯對於義理闡釋之不足。而如實佛學研究室所作之〈《唯識二十論》及其相關典籍〉則於 1996 年 6 月刊於《法光學壇》創刊號，蒐羅並介紹與《唯識二十頌》相關之典籍，亦提供研究者完善的資料來源。

1、註解及義理闡述

（1）專　書

A、形　式

爲《唯識二十論》作註解、配合近人閱讀習慣而作白話闡述之近人著作，有講記、注解、導讀三種形式。以講記形式呈現如釋演培註：《唯識二十頌講記；八識規矩頌講記》、于凌波：《唯識二十頌；觀所緣緣論新釋合刊》與方倫：《唯識三頌講記》等；亦有注疏形式如僧憼：〈《唯識二十論頌》釋〉、靖如：〈唯識二十頌略解〉、王恩洋：〈《二十唯識論》疏〉等；而導讀形式則有李潤生：《唯識二十論導讀》、談錫永：《唯識二十頌導讀》等。均以玄奘所譯《唯識二十頌》爲本，所作疏解亦全以漢譯本爲主，雖呈現之形式不同，但大抵上是按照《唯識二十論》第一頌至最後一頌之順序，按其頌論作字義上的解釋與義理上的疏解，或爲其作科判，如針對外道與其它部派提出之責難歸納爲七點〔註21〕，二十首頌文則予以分爲十二科〔註22〕，或以因明學中之宗因喻解析頌文〔註23〕，亦有在釋義中對照眞諦與般若流支之譯本以更明其義，對於所破斥外道與部派之義理亦略有介紹。幫助研究者對於《唯識二十

〔註21〕此七點分別爲 1.四事不成難 2.外人現量難 3.夢境不同難 4.二識決定難 5.夢境業果不同難 6.殺業不成難 7.他心智難。以上七難均爲外道與部派針對唯識「識外無境」所提出之質難。

〔註22〕與以十二科分，第一頌設難生起，第二、三頌唯識家舉夢爲喻證四義得成，第四、五、六頌唯識家否定獄卒實有以成唯識義，第七、八頌解釋外人引聖教不成，第九頌釋二無我義，第十至十四頌以一、多破外境實有，第十五及十六上半頌破妄執現量，第十六下半頌釋夢不覺，第十七頌上半頌：明二識轉決定以成唯識義，第十七頌下半頌：顯示睡眠時心壞以成唯識義，第十八、十九頌：引意罰爲重以成唯識義，第二十頌：釋他心智不如實以成唯識義。

〔註23〕如李潤生《唯識二十頌導讀》，解析第二頌之論文時，按論文之義分爲：宗：非夢中時，境雖無實，而時決定。因：許境無實故。喻：如夢中所見村園男女等。（頁 106）。

論》義理上的理解，除了文獻學上的資料外，亦有以上這些哲學性的解說可供參考。

B、內　容

在內容方面，李潤生的《唯識二十論導讀》，多以《述記》為本，再加上己之見解。方倫《唯識三頌講記》中收錄第二篇為唯識二十頌講記。作者未分科判，亦未收錄論文，只錄二十頌之頌文，並分別為頌文訂一主題，並做簡明之講解。另外日本學者山口益與野澤靜證共同將世親典籍《唯識二十論》、《唯識三十頌》、及陳那《觀所緣論》之藏譯翻為日譯之譯本，書名為《世親唯識的原典解明》。其中山口益在《唯識二十論的原典解釋——調伏天造「唯識二十論釋疏」譯解》的序言中，將《唯識二十論》中二十句偈文按藏譯之內容分為十二個主題。〔註24〕

2、期刊論文

（1）針對《唯識二十論》內文作全面性的探討

僧憼〈《唯識二十論頌》釋〉，本文之前言探討其翻譯、思想、與作者，第二部份則為釋文。作者認為本論之思想與《攝大乘》、《辨中邊》思想一致。否定獄卒、五色根、身語業、他心智、現量、也否定了「作為依他起性而存在的相分境。」作者認為此觀念可徵之《攝大乘》與《辨中邊》，認為相分境的存在是「遍計執」而非「依他起」。此為初期唯識思想，是主觀唯心論思想，而陳那、護法則以超出此範圍，成為客觀唯心論。〔註25〕除本文外，尚有雪

〔註24〕分類如下：「一、三界唯識的安立——第一偈；二、關於有外境論者對唯識無境所提出的四事徵難及識論者對此的答辯——第二、三、四偈；三、在異熟所感方面，毘婆沙師的有外境的思想及對其之批判——第五偈；四、在異熟所感方面，經量部有外境的會通及對其之批判——第六、七偈；五、針對經量部有外境說，唯識說的攝歸——第八、九、十偈；六、作為有外境說不成立之道理的極微說破析論，其一——第十一、十二、十三偈；七、作為有外境說不成立之道理的極微說破析論，其二——第十四偈；八、有外境說，特別是特別是作為有分色的成為單一色境實有說之破析論——第十五偈；九、經量部有外境的認識（量）和唯識對此的批判——第十六、十七偈；十、相對於有外境說的業論之唯識說的成立（一）據經量部的行用•世間之有外境的立宗和唯識的成就（關於身語意業的問題）」——第十八偈上半（二）相對於有外境故業果成立這樣的主張，據以成立唯識義的提示——第十八偈後半（三）身語二業的有外境的成立和唯識對此的批判（關於業道的成就•戒的具足）——第十九、二十偈；十一、在唯識方面他心智的問題——第二十一偈；十二、結論，唯識義的宗教的歸結——第二十二偈。

〔註25〕僧憼：〈《唯識二十論頌》釋〉，《現代佛教學術叢刊》，1980.10.01。

松〈二十唯識論述要〉、王恩洋《《二十唯識論》疏》，其中《《二十唯識論》疏》以窺基之說爲其立論立場。

（2）主題性的探討

針對《唯識二十論》做主題性探討的有彭景輝〈夢喻的探究——以《唯識二十論》爲探討對象〉、釋妙耘：〈佛教唯識學派「唯識無境」義的哲學探析——以《唯識二十論》與《成唯識論》爲中心〉，前者針對《二十論》中唯識家與詰難者所舉之夢喻一一分析說明，其中引用亞里斯多德的三段論式、黑格爾的詭辯論語佛洛伊德對於夢的理論分析，並引用修行者在修行過程中的感夢與成就後的夢觀，說明夢喻只是休息中的一種方式，並非目的。〔註26〕後者以《成唯識論》及《唯識二十論》爲主軸，從評破與建構面探討「唯識無境」之意涵，再以「唯識」與西方哲學中的「唯心」進行哲學性的對話，最後整理出西方學者克楚穆頓對唯識是否等於唯心之看法。

二、經　部

（一）探討經部學說之專書

日本學者加藤純章作《經量部の研究》，分爲兩章，第一章爲經量部的歷史考察，處理了《俱舍論》與《順正理論》的問題、諸論師的年代、譬喻師與經量部的關聯、經量部的發展歷史等，第二章則是經量部的思想研究，對於六識、極微說、心的構造、境與有境、隨界說、對有漏無漏的看法等，均有詳細的考察。

（二）探討經部分期說之作

1、印順法師《唯識學探源》

經部本計爲說轉部，經部末計爲依譬喻論師所流出的經部，時間稍晚，大約成立在西元二世紀末。經部初期爲佛滅四世紀中，爲《異部宗輪論》中所說之經部；經部第二期爲鳩摩邏多爲代表的譬喻師；經部第三期爲《俱舍論》、《順正理論》與無著論師師資的著述中，關於經部後期學說有相當介紹。種子思想已大體完成。

因對於「滅盡定的有無細心」意見有所出入，故又可針對此歸納爲三系：

〔註26〕彭景輝〈夢喻的探究——以《唯識二十論》爲探討對象〉，華嚴專宗學院佛學研究論文集。

（1）《順正理論》所抨擊的上座室利邏多與其弟子大德邏摩（2）《俱舍論》所說的先代軌範師，先舊諸師，即《俱舍》論主所欽服的經部師（3）《大乘成業論》中的一類經為量者，也就是以《阿含經》作為衡量之標準的論師。

2、呂澂〈略述經部義〉

經部前期的代表為譬喻師，也稱為論經師或日出論者，採《法句經》一經作樞紐來組織學說。代表為鳩摩邏多（童受）；經部本宗重要主張來自於上座室利羅多（勝受）；經部末計則是信奉法稱所作的《七部量論》，成為一種隨理的派別。

3、劉定權〈經部義〉

劉定權基本上認為經部初期學說可從世友《異部宗輪論》所言之經部推測之，而經部次期學說，依唐譯《婆沙》言經部者只有二則，而譬喻師則有數十則，並多與有部相對，故以譬喻師為經部次期學說。經部後期學說則依《順正理論》，《順正理論》中敘破上座、譬喻論師、經部者、上座門人大德邏摩，以此為後期。

4、加藤純章《經量部の研究》

加藤純章認為，從《大毘婆沙論》中的譬喻師為首，紀元四世紀前半的有部異端者鳩摩羅多及紀元四世紀中左右《成實論》論主訶梨跋摩、紀元四世紀後半的室利邏多，開始使用了「經量部」這個名稱，《俱舍論》論主世親，也以這個名稱來表示自己的立場，但許多人仍以「譬喻師」這樣的名稱去稱呼經量部。

加藤純章並沒有明顯的分期說，但可以知道他認為經部的先驅是從《婆沙》中的譬喻師開始的。故在研究「經部思想」方面，不能隨便以《異部宗輪論》中所說的經量部或《婆沙》中的譬喻師，就等同於「經部」。〔註27〕

（三）探討經部業說與種習論之作品

1、舟橋一哉著，余萬居譯《業的研究》

在第二章部派佛教的業論中探討經部之業，是以世親《俱舍論》站在經部立場所言之經部為主，而解釋業的部分有引用到《大乘成業論》。作者認為經部其業論以思為主體，相當於無表業的是「思之心所的種子」。〔註28〕以此

〔註27〕加藤純章：《經量部の研究》（春秋社，1989 年）頁 124～125。
〔註28〕舟橋一哉著，余萬居譯：《業的研究》（台北：法爾出版社，1988 年 8 月）頁

為經部三業說的核心思想。〔註29〕引《大乘成業論》說，對於種子之體性，因隔時因果，故需種子存在。種子相續、轉變、差別，連結了業因與業果，業果即是由差別而生。〔註30〕在種子熏習方面只提到「色心互熏說」。

2、佐佐木現順著，周柔含譯《業的思想》

本書論及經部的部份，在業因業果的論證上，多引眾賢《順正理論》批判在《俱舍論》中世親所持的經部立場，認為經部的業因業果可分析的說法是不成立的。在「論業的兩種思潮中」，依經部所解釋的種子來作論述種子思想，並認為種子是「作為總體的善心或不善心相互轉變的可能作用」。〔註31〕

3、印順法師：《印度佛教思想史》

關於經部種子、熏習說，本書所依經典為《成實論》、《中論》、《俱舍論》、《順正理論》，對於經部種子說的異說分類下列幾種：（1）心心相續說，（2）六處受熏說，（3）色心互熏說，（4）細心相續說；此分類與另一作品《說一切有部為主的論書與論師之研究》說法相同。

4、印順法師：《唯識學探源》

本書對經部的探討在「本識論」及「種習論」。本識論中所探討的為各派的補特伽羅與細心說，其中探討到經部的細心說，其所作之結論為經部學者在細意識上相續轉變差別的生果功能，有就是生起諸法的因緣，他們並未在六識之外另有一集起心，但早已成立心有種子積集處與心上功能生起諸法的集起義。至於心心所，作者認為譬喻師反對心心所同時並起說，而認為心所即心，次第而起。而經部後起者上座、大德採折中主義，承認心外別有心所，但不若有部分析之細。

在種習論方面，對業力的存在，經部譬喻師成立了思種子，〔註32〕而後代經部說無表業，則認為是思心所的熏習，而微細相續漸漸轉變，與有部認為是色法不同。對有漏種子的解說，也就是經量部的種習論，在經部種子說中談種

46。

〔註29〕舟橋一哉著，余萬居譯：《業的研究》（台北：法爾出版社，1988年8月）頁49。

〔註30〕舟橋一哉著，余萬居譯：《業的研究》（台北：法爾出版社，1988年8月）頁116。

〔註31〕佐佐木現順著，周柔含譯：《業的思想》，（台北：東大圖書公司，2003.02）頁162。

〔註32〕此處原典資料有引到《婆沙》，所說或為較早期的譬喻師。

子之體相，是相續轉變差別。其受熏之處，作者歸納爲三大派。第一派爲六識受熏說。兩部論書中之經部，有主張異時因果，故說前念熏習後念；有主張識熏刹那種類。這些均與六識受熏說有關。第二派爲六處受熏說。上座主張「是業煩惱所熏六處。感餘生果」種子在六處熏習而在餘處生果。而《俱舍論》主世親，承先代諸軌範師，而說「色心互熏」，認爲無色界無色，無心定無心。如此則色與心都有中斷的時候。爲因應此而發展出色與心相互持種說。色種可依色根也可依心，心種可依心亦可依色根。第三派爲細心相續說。世親在《大乘成業論》中引一類經爲量者「應如一類經爲量者。所許細心彼位猶有。謂異熟果識具一切種子。從初結生乃至終沒。展轉相續曾無間斷。」主張在六識之外，別有細心，爲種子熏習處。在作者的觀點中，第四派已轉入瑜伽大乘之中。〔註33〕另本書第四章爲無境論探源亦略論及經部的外境說與認識論。

　　6、印順：〈印度佛教學派思想泛論〉

　　本書探討到經部的部份，集中在無我無常之世間。相對於與一切生滅有爲法相關的有部派的時間觀念，說經部立種子現行義，種子爲「不離現在諸行而有能生自果之功能性」，名曰種子。在業因業果之聯結方面，依《異部宗輪論》之說，認爲經量部之本計，立常住之一味蘊，立有作用生滅之根邊蘊，相合而說有勝義補特伽羅，故依此說移轉。而經部譬喻師，結合有部「假名我」之見與「一心」，言「離思無異熟因，離受無異熟果。」此假名我是依心的，而業果就建立在此依心的假名我之上。是虛妄唯識之前身。在業力方面，經部譬喻師認爲身、語非業，思才是業。「思心所之潛能，待緣成熟而感果。」譬喻師捨棄過未之實有，立不離不即現在諸行之種習，爲諸法生起之因。

　　7、平川彰著，莊崑木譯《印度佛教史》

　　在論主體的統一與持續方面，經部以心的種子說明心之持續。〔註34〕論表業與無表業，說經部認爲三業的本質皆是思，故不承認表業與無表業，但思仍是刹那滅，故在業與果之間須有一媒介，此媒介便是種子。第四章論唯識，再論及阿賴耶識處提及經部之種子，未設想一潛在場所爲保存處，故有色心互熏之說。

〔註33〕　本書對於經部種子說的看法與《印度佛教思想史》與《說一切有部爲主的論書與論師之研究》中有些微不同，或許是因其寫作時間先後不同故。

〔註34〕　本書作者認爲經量部主張勝義補特伽羅，承認一味蘊的存在，故被冠上說轉部之名，仍有商榷的空間。

8、水野弘元著，釋惠敏譯：《佛教教理研究——水野弘元著作選集（二）》

本書作者以原始佛教及巴利語聖典爲基礎，探討部派佛教及大乘佛教之教理，在部派佛教中大部分以一切有部與經部爲主，而大乘佛教則以唯識學派爲主要探討對象。在部派佛教中，有部、經部的心心所、《成實論》與譬喻師及佛教心識論上有相當的關注。

本書中探討經部思想的部分，在「有關業的若干考察」中，經部主張業的餘力是作爲種子的狀態而存在的，是物質性也是精神性，即經部所主張之心色互熏說。在「心心所思想的產生過程」中認爲經部反對心心所說，心之作用如受、想、思，需一個接一個生起，而非如有部之多心所與心同時生起。另世親亦贊同經部初禪五支是一個個前後生起。在「有部、經部對心心所的論爭」中，作者認爲有部經部分裂原因之主要部分爲心識論，經部反對心所之立，認爲受想思爲心之差別，只會一個個連續生起，以此反對有部心相應之說。在「譬喻師與《成實論》」中，將以鳩摩羅多爲代表的譬喻師〔註35〕與訶黎跋摩所著《成實論》，從色法、心心所、心不相應行、無爲法、世界、有情論、業論、煩惱論、修道及禪定論列表比較，認爲譬喻師與《成實論》之思想尤其在心理論上相當一致。在「心識論與唯識說的發展」中提到種子與潛在力，作者認爲將最初種子作爲潛在力的即是經部。經部種子已有相續、轉變、差別義，但對於種子是否具有善惡之性或無記，是否被當作異熟，經部並不太考察。在色法部分，本書提到與經部相關的應爲對《成實論》中四大的分析。

9、李潤生〈佛家業論辨析〉

本文與經量部有直接相關的部份爲「部派學者對業感問題的諍論」、「世親唯識學的業感原理」。經量部反對有部三世實有說，主張無表業非實有，而是思業。契經之「思業」，經部釋爲「思惟思」；「思已業」則釋爲「作事思」。經部將善惡之倫理價值歸於思，所以主張「業即是思」，故所謂無表，只是「思差別」。爲解釋思業感果之功能，故成立了種子之說。種子有展轉、鄰近及功能之名稱差別。有部之無表業依表業而起，經量部之種子則依思業與熏習而成。在此作者提到經部種子所需依附的對象爲微細之心，如《宗論論》中提到的勝義補伽羅與一味蘊。

色心互持說，爲配合欲、色及無色界而提出。在無色界中，物質以種子

〔註35〕本書本處資料出自《婆沙》與《順正理論》。

型態攝持於心中，在生於欲色界中時，心中色種可起現。反之亦然。

10、曹志成〈經量部種子思想的探討〉

本文探討經量部種子思想的各種異說，經部種子思想的分類參考資料爲窺基《成唯識論述記》、智周《成唯識論演祕》、印順《說一切有部爲主的論書與論師之研究》、加藤宏道之論文。以下將經部種子異說分爲七種探討：（1）心法能熏說（2）六識互熏說（3）前念熏後法說（4）同類識受熏說（5）六處受熏說（6）色心互熏說（7）細心受熏說（異熟識受熏說），並認爲經量部之種子說「是爲了補救有不『得、非得』的主張，說明善、不善等心於前後刹那續起情形之不足。」〔註36〕

11、黃雪梅：〈經量部的業思想研究——試析在《中論》『業品』中的種子譬喻和細心相續，業力因果之間的關聯性和矛盾性〉

本文以出現在龍樹《中論》〈業品〉中的種子說，探討種子說的初期型態，並藉由《中論》注譯本中論敵的批判，檢視初期種子說的缺陷。阿毘達磨時期對於業力的討論有兩大方面，一爲業力存續的問題，二爲種習論，前者焦點在業力所依，作者此處的敘述是依印順《唯識學探源》，認爲經部有細心相續說，但此細心只是六識之細分。第二部份敘述經部之淵源與流派，其內容亦是按《唯識學探源》之分法。

（三）經部的極微說與認識論

有直接論及經部極微說與認識論的著作如下：

1、化聲〈見色之研究〉，《現代佛教學術叢刊》

本文在論及極微部份提到經部。經部師所言之極微爲實有，同於勝論師，而一一極微識不能緣，而極微和合才能爲識所緣，故物雖假，但是是依實微而立。而極微和合可以是眼識所緣，但不能引生能緣。和合之相沒有實際自體（爲假），那麼已合就等於未合，而未合之色不能爲識所緣，那麼已合之色可爲識所緣這件事便不能成立。

2、耿晴〈意識如何緣取五識的內容？以說一切有部與經量部的論爭爲中心〉（台哲會「批判與反思哲學研讀會」，2010.05.07

本文探討經部上座室利邏多的認識理論，在上座的理論中，認識作用的生起必須經過三個刹那：第三個刹那是「受」這個心所的生起，向前推算，

〔註36〕曹志成：〈經量部種子思想的探討〉，（《諦觀》第 79 期，1994.10.01）頁 96。

第二剎那應是「識」與「觸」的產生，第一剎那則是「根」與「境」的接觸。至於在這樣的認識論中，容易造成過程中的斷裂，也就是在「異時因果」與「剎那滅」的立場下，第一剎那如何延續至第二、第三剎那？作者並不同意法光法師以上座「舊隨界」之理論作爲第二與第三剎那之聯結，因爲這樣並不能挽救上座認識論的斷裂之處。故上座認識論，的確是有缺陷的。

（四）《唯識二十論》研究中對經部的探討

在《唯識二十論》的研究中，也可獲得許多經部相關資料，因《唯識二十論》對經部思想有所辨破，研究學者就頌文或長行整理出經部思想並提出其見解。以下爲此類著作之要旨：

1、李潤生：《唯識二十論導讀》

《唯識二十論》共有四部份提及經部：（1）第六頌，作者認爲唯識家與經部相同處在於獄卒皆非「實有情」，皆是有情造惡業時熏成業種子展轉相續，最後招引大種。生起形色、顯色、力量的轉變，在形色、顯色、力量上施設獄卒、狗、烏等物；不同處則在於唯識家只承認業種子熏習之處在阿賴耶識之中，但經部熏習之處卻是在色與心之中。（2）第七頌，作者認爲是唯識家反駁經部對「若唯識無境，則佛不應說有色等十」的詰難。（3）第十頌，頌文「又非和合等，極微不成故。」破經量部極微和合與順正理師極微和集說。（4）第十五頌，首句「現覺如夢等」，作者引窺基之說，以此破經量部。

2、方倫：《唯識三頌講記》

《唯識三頌講記》中收錄第二篇爲唯識二十頌講記。在本文中有提到經量部的部份爲第六頌與第十頌，第六頌標題爲「破經部所執習餘處有果法生」，眾生造業到感果，其有時間的距離，經部學者不知或不承認有七八二識，而欲色界有身體，無色界雖無身體但有意識，故熏習處在五根處或意識。第十頌標題爲「破各學派執實有極微」。作者解說經部極微說爲極微和合爲粗色後，方能爲五識所緣。而唯識家則以極微不成故破此類說法。

3、僧愍：〈《唯識二十論頌》釋〉

本文與經部相關部分如下：

（1）獄卒說，經部師轉救有部之說，認爲獄卒非有情，而是造業時熏習種子於識，落入地獄受果後，此識內之業種子發生增上力而在識外引起異大種法，由這些異大種起獄卒之轉變差別。經部執離識外之異大種法（餘處）

生獄卒之果，是世親批判之處。

（2）極微說，經部師主張極微「和合」說。許多極微泯滅自體的融合起來就是「和合」。並引《觀所緣緣論》中就五識所緣境有破和合與和集說。

4、雪松：〈二十唯識論述要〉

本文提及經部的部份爲：

（1）獄卒說，作者對唯識家破有部與經部的理解爲，有部認爲獄卒爲地獄有情，心外造業後所感自身以外的異大種生起，並非識所生。而經部認爲獄卒是地獄有情心內造業所感後心外異大種所生。

（2）接續獄卒之後，作者認爲經部難唯識家，唯識家若不許獄卒爲心外有，何以佛會說色等十處？作者之解釋爲：

　　A、佛說色等十，是爲破眾生之執。以唯識家來說，五根乃是八識相分之根身，爲前五識之俱有依，故名爲五根；五塵乃是自識變現之影相，故爲五塵。

　　B、經部不承認有第八識，所以可以另外解釋，五識之種子爲眼等五根，而五識現行，則爲五塵。

5、王恩洋：〈《二十唯識論》疏〉

本文對《唯識二十論》之頌文與論文作疏解，多參照窺基《述記》其中有提及經部的部份爲：

（1）獄卒說。經部師認爲，業由過去造，而造業時便熏成種子，有種子相續不斷，並以此招果。而經部所認爲的熏習之處，有三：內識、根中、識類。因經部不立阿賴耶識，而六識會有所間斷，故認爲業熏習處應在色根；然而無色界無色，故無色界之業熏習處應在識類。

（2）極微說。「又非和合等」，破經部及順正理師，經部執極微和合爲境，五識不緣一一極微，故極微須和合爲假法方能爲五識所緣。但陳那認爲「五識之上，無微相故。」〔註37〕

第三節　研究方法與步驟

爲解決前述關於經部之思想背景、分期及主張與《唯識二十論》對於經

〔註37〕應是指一法有兩個條件，一爲能爲五識所緣境，二爲具有生識之因力。粗色可爲識所緣，但因其爲假法，不能成爲生識之因。既不能生識，如何執有實外境。

部之批判與檢討，本文擬使用之研究方法如下：

一、研究方法

（一）文獻學方法

本文所使用之研究漢譯底本爲唐‧玄奘所譯《唯識二十論》，並參考後魏‧瞿曇般若流支所譯《唯識論》、陳‧眞諦譯《大乘唯識論》與唐‧窺基《唯識二十頌述記》。由於經部主張散見於各論書之中，故對於經部之思想將參照以下各相關論書：《異部宗輪論》、《異部宗輪論述記》、《大毘婆沙論》、《阿毘達摩俱舍論》、《成實論》、《順正理論》、《成唯識論》、《成唯識論述記》等。將針對《唯識二十論》中批判經部的思想部份，藉由這些論書原典重新回溯經部之理論。

（二）思想史方法

本文以經部與《唯識二十論》爲主要探討對象，將其所關注爭論的幾個重要問題如種子義、業力、熏說、色、境、識以及極微說與對現量的看法等，就歷史上經部到唯識思想的發展過程，梳理其義理的來源與轉變，試圖架構出其中演變的脈絡。並以此爲研究基礎，更進一步理解唯識如何批判經量部並作出階段性的改革。

另因經部思想未有專著，故須集合在各論書中散見之經部學說片段，並加以哲學性的思考與歸納，以建構出較完整的思想體系，並透過《唯識二十論》中所討論之經部思想做一對照與比較，分析《唯識二十論》中對經部義的理解與對經部義之繼承與轉化。

二、研究步驟

確定研究問題與方法後，針對研究對象必須先文獻學方法釐清文獻與研究範圍，其次針對以釐清之文獻作思想上的歸納與解讀，研究步驟如下：

（一）釐清文獻及研究範圍

《唯識二十論》有梵本與藏漢三種語言的本子，而漢譯又有唐‧玄奘譯《唯識二十論》、後魏‧瞿曇般若流支譯《唯識論》、陳‧眞諦譯《大乘唯識論》三種版本，本文將以漢譯文獻爲主，並以其他版本作爲對照。在漢譯語義有所不明時，以梵文文本爲主要參照對象。

　　經部未有專書，故需集合各部派論書中關於經部的部分，搜尋主題為《唯識二十論》所提及經部的種習論、業力、色、境、識以及極微說與對現量的看法等幾個重要思想，所參考之論書以《異部宗輪論》、《異部宗輪論述記》、《大毘婆沙論》、《阿毘達摩俱舍論》、《成實論》、《順正理論》、《成唯識論》、《成唯識論述記》等有較直接紀錄經部主張與使用經部觀點的著作為主，並試圖對經部內部思想發展作一釐清與界定。

　　近人研究的收集範圍以《唯識二十論》、經部二者為主，另在世親唯識思想與部派佛教中選擇與《唯識二十論》與經部有直接關係的為主要搜羅範圍。

　　（二）文獻解讀

　　文獻的解讀方面，對於《唯識二十論》語義較不明之部分將參考其他譯本與唐・窺基《唯識二十頌述記》。另外世親的唯識思想方面將參考唯識相關著作如《唯識三十頌》等，參考範圍以《唯識二十論》所關注的概念為主要對象，在解讀《唯識二十論》或處理近人著作時能盡量依世親《唯識二十論》為主。

　　經部資料散見於各論書中，並未組織化。而在近人研究之中，日本學者加藤純章所著《經量部の研究》與國內學者呂澂的〈略述經部學〉，是以涵蓋歷史演變與哲學流變等較全面的角度觀照經部的思想。本為擬以此二位學者之著作，配合其他對於經量部的研究資料，試圖描繪出經部之思想及發展，並藉此釐清《唯識二十論》所批判之經量部是屬於哪一時期。

　　（三）歸納與批判

　　經過釐清文獻與文獻解讀兩個步驟，廓清資料的範圍以及理解後，便需將《唯識二十頌》中與經部有所對話的幾個重要概念找出其內在脈絡的關聯性，此釐清概念的工作分為五個階段：

　　1、歸納《唯識二十論》與經部各自關注的重點。

　　2、釐清關注重點後，參考近人資料，瞭解目前對於這些概念的研究進度與發展空間。

　　3、釐清《唯識二十論》所批判經部觀點的範圍。

　　4、重新還原經部被批判的觀點，並從各重要論書中回溯經部原始的說法。

　　5、審視世親進入唯識學派後，對於這些重要議題除了批判外，還建立了何種唯識學派的理論。

第四節　預期研究成果及其侷限

　　本文所欲研究者乃是以世親《唯識二十論》為主要對象，探討唯識思想對經部的批判與繼承，在近人研究《唯識二十論》與經量部方面各有成果，然而尚未見到以《唯識二十論》與經部之對話為主要研究對象。

　　經部為部派佛教中較晚出的一部，又對大乘唯識學產生重要影響，有其承先啟後的位置，而《唯識二十論》針對經部的批判與繼承，放在佛教思想的流變中，是相當重要的一環。故本文希望能夠重新建構經部的學說，並透過《唯識二十論》對經部的批判與繼承，瞭解在佛教思想上幾個重要概念的演變。

　　在研究過程中可能遇到的侷限與困難，在於處理經部的學說，經部資料散見於各論書之中，有些並未註明為經部之說法，故在蒐羅過程中恐有疏漏，而《唯識二十論》所批判之經部也尚未能肯定是否為成熟時期經部之思想，若非成熟時期之經部，則必須重新審視經部與唯識學的關係。

　　再者對於文本的解讀，除了《唯識二十論》外，尚須參考多本部派時期的重要論書，每本論書的範圍既深且廣，要徹底的理解原典資料，對於筆者來說是相當大的考驗，而近代對於經部的研究，以日本學者居多，語言上的隔閡對於閱讀日文參考資料來說是困難重重。但筆者仍會盡力，希望能讓本篇論文近於完善。

第二章　從經部到唯識學

第一節　經部釋義

　　在經部發展的過程中,「經部」之名所指涉的對象並非單一,在不同時期,「經部」亦有不同的發展。故筆者在探究《唯識二十論》對經部的批判前,必須先釐清「經部」在部派佛教發展史中所指涉的對象。而本節的目的,便是從經部的其他眾多名稱中,釐清「經部」一詞的概念。

　　「經部」在不同的論書中,有過不同的名稱,如梵文為 Sautrāntika 或 Sūtravāda,譯為經部、說經部、修妬路句、修多蘭婆提那,巴利文為 Suttavāda。而說轉部之梵文為 Samkrāntika,另譯為說度部、僧迦蘭多、僧伽蘭提迦,巴利文則為 Sankantika。這些名稱是否反映出經部不同的內涵,尚有探討的空間。本節的主要探究對象,是在漢譯論書中,對於這些不同名稱的詮釋。

　　經部在漢譯上可以表現出其內涵或立場的幾組名稱,分別是「經部」、「說經部」、「經量部」、「說轉部」、「說度部」。較直接與經部相關的典籍譯本中,譯為「經部」的有:唐‧玄奘所譯《阿毘達磨大毘婆沙論》中四次,《阿毘達磨俱舍論》中二十次,《阿毘達磨順正理論》中三十二次,唐‧眞諦所譯之《婆藪盤豆法師傳》中亦譯為「經部」。而眞諦所譯之《部執異論》中,譯為「說度部」,亦名為「說經部」。羅什(一說眞諦)在《十八部論》中,譯作「相續部」。在玄奘《異部宗輪論》中,譯為「經量部」,亦名「說轉部」。在這些譯名中,有以「一部之重要思想」作為名稱的,如「說度部」、「說轉部」,也有以「一部之立場」作為名稱的,如「說經部」、「經量部」。

在漢譯名稱方面，陳・眞諦與唐・玄奘兩人均翻譯了說一切有部所傳之論書。玄奘譯本爲《異部宗輪論》，眞諦之譯本爲《部執異論》；另外尚有《十八部論》，此譯本譯者有二說，一說亦爲眞諦所譯，二說疑爲後秦鳩摩羅什所譯。

本書爲印度論師世友所撰，以說一切有部教義爲基礎，說明佛滅後百年至佛滅後四百餘年之間，部派佛教分裂與產生的經過，並介紹各部派教義之異同。故本書爲部派分裂史的重要參考資料。

本書之作者世友爲北印度犍陀羅國人，生於佛滅後四百年左右。世友於說一切有部出家，爲「有部四大家之一」，按道理而言應是傳承說一切有部之思想，然本書中，有些思想卻較偏向「經部」。故有人懷疑作本書之世友，並非有部四大家之世友，而是另有他人，〔註1〕亦有人認爲此世友即是有部的世友，而其思想不一定只侷限於有部。

本節選擇此部論書作爲探討經部異名的原因如下：

1、作者世友爲說一切有部之論師，而說一切有部與經部關係十分密切，而在近代學者看法，認爲世友在撰寫此書時亦帶有經部之觀點，故此書可作爲理解有部與經部的直接資料。

2、漢譯三個本子中，直接出現了經部不同的譯名，並簡約的探討了其教理與名稱間的關係，故本文選擇此書作爲探討經部異名的直接資料。

3、在佛典漢譯史上，眞諦與玄奘是重要的代表人物，《大毘婆沙論》、《俱舍論》、《順正理論》等與有部、經部相關的重要論書，皆爲玄奘所譯，而《婆藪盤豆法師傳》則爲眞諦所譯。眞諦與玄奘又是舊譯與新譯之兩大代表人物，故在探討經部的名稱方面，《部執異論》與《異部宗輪論》的確有其重要性。

另外，《十八部論》之譯者有兩說，一爲姚秦・鳩摩羅什，一爲眞諦。在《開元釋教錄》中卷第四標爲「失譯」。在《頻伽藏》之正文中標爲「眞諦譯」，但在總目錄中又標爲鳩摩羅什譯，《十八部論》眞正之譯者爲誰，學界亦眾說紛紜。但無論是羅什還是眞諦，在探討本論書時，亦不能將其排除在外，故雖《十八部論》中對於經部之譯名多採音譯，亦須列爲重要參考。故本節主要探討文獻則以眞諦《部執異論》、眞諦（或鳩摩羅什）《十八部論》、玄奘《異部宗輪論》爲主，玄奘門人，唐・窺基《異部宗輪論述記》爲輔，並參酌眞

〔註1〕 按姚治華釋《異部宗輪論》，（高雄縣：佛光出版社，1996年）頁4之題解提到，執此論點的是玄奘法師門下。

諦與玄奘其他論書譯本中對於名稱的翻譯與解說。

以下將分別探討此三本漢譯本對於經文的譯名以及對於此譯名的理解，並試圖以此審視經部之名的內涵。

一、「說度部」、「說轉部」與「相續部」

（一）陳・真諦《部執異論》

真諦，生於西元 499 年，卒於 569 年（陳太建元年），自梁武帝末年至陳太建元年，譯經不輟，共譯出經論紀傳六十四部，如今只餘三十部尚流傳於世。在部派史方面，真諦譯有《部執異論》，並著有《部執異論疏》十卷，惜《部執異論疏》已不傳。但在印順法師《初期大乘佛教之起源與開展》一書中提到，按《三論玄義檢幽集》所言，隋代吉藏《三論玄義》〔註2〕中言及部派分裂的部份，是依據《部執異論疏》的。〔註3〕

在《部執異論》中，經部的名稱為：

> 至第四百年中，從說一切有部，又出一部，名說度部，亦名說經部。

〔註4〕

此部從說一切有部中分出，為部派分裂時期最末分出的一部，有兩個名稱：「說度部」與「說經部」。其後《部執異論》為「說度部」之名提出解釋：

> 說度部是執義本，陰從前世至後世，若離聖道，諸陰不滅。陰有本末，凡夫位中有聖法，有真實人，餘所執與說一切有部所執相似。

〔註5〕

「說度部」之名，是根據此部之教義為名。有情從前世轉至後世所承受業報之體為何，一直是佛教各部派所亟欲探討並作出合理之解釋的重要議題。根

〔註2〕 吉藏常隨其父至興皇寺聽法朗宣講三論，七歲時（一說十三歲）隨法朗剃度出家。法朗為鳩摩羅什系統三論教學之傳承者，故吉藏專習中論、百論、十二門論等三論之學，大業二年（606，一說仁壽二年，或開皇末年），煬帝下詔置四道場，師奉敕居於江蘇揚州之慧日道場，據傳吉藏所著之《三論玄義》，即於此時完成。

〔註3〕 印順法師：《初期大乘佛教之起源與開展》：「據『三論玄義檢幽集』，知道『三論玄義』所說，是依據真諦三藏所說。真諦譯出『部執異論』，並傳有『部執異論疏』，說到部派的分裂與部派的宗義。『三論玄義』所說，就是依據『部執異論疏』的。」（台北：正聞出版社，1981 年五月）頁 7。

〔註4〕 《部執異論》卷 1（CBETA, T49, No.2033, p.20, b18-20）。

〔註5〕 《部執異論》卷 1（CBETA, T49, No.2033, p.22, b20-23）。

據《部執異論》的說法，有情從前世轉至後世所依之體爲「陰」，可看出所謂「說度部」之「度」，其主張有情自前世道後世，有一所依之體。文中云「陰」有本末，但《部執異論》並未說明「本陰」與「末陰」的內涵，亦未說明「說經部」之「經」的內涵。但「本陰」或「末陰」，與《異部宗輪論》中所說的「根邊蘊」與「一味蘊」之意涵應是相同的。在窺基《異部宗輪論述記》中，說明「一味蘊」，就是「不曾間斷的細意識」，而根邊蘊，則是「五蘊」。〔註6〕從這裡可知，《異部宗輪論》與《部執異論》中記載的「說度部」與「說轉部」，是主張有不斷滅之細意識存在，此細意識則是有情從前世轉至後世之所依。

而在《三論玄義》中又解釋：

> 名說度部，謂五陰從此世度至後世，得治道乃滅。〔註7〕

這裡解釋的「說度」，是「五陰」從此世度至後世，筆者認爲與《部執異論》對照來看，《部執異論》中所言，較爲符合經部理論的走向。「五陰」在有情生命結束後便隨之消失，故必須要建立能夠使受報之對象延續至後世的理論，若單純只言「五陰」從此世度至後世，是不夠完善的。

（二）姚秦・鳩摩羅什（或真諦）《十八部論》

在《十八部論》中，在解說經部之重要教理時，所使用的名稱爲「相續部」：

> 彼相續部根本見者，陰從此世至他世，非離聖道得滅陰。陰有約根本，有第一人，餘一切與薩婆多部見同，是略說一切部見。〔註8〕

《十八部論》在翻譯的內容上與《部執異論》並無出入，其「相續」之義，應是指「根本陰」從此世移轉至他世而無斷絕之義。與唯識所說之「相續」，有很大的差別。

《十八部論》比較特殊的是有提到「欝多羅」：

> 於四百年中，薩婆多部中更生異部。因大師欝多羅，名僧迦蘭多，亦名修多羅論。〔註9〕

〔註6〕《異部宗輪論疏述記》卷1：「有根邊蘊，有一味蘊。一味者，即無始來，展轉和合，一味而轉，即細意識，曾不間斷。此具四蘊，有根邊蘊者，根謂向前細意識，住生死根本故，說爲根。由此根故，有五蘊起即，同諸宗所說五蘊。然一味蘊是根本故，不說言邊，其餘間斷五蘊之法是末起故，名根邊蘊。」（CBETA, X53, No.844, p.589, c20-p.590, a1//Z1:83, p.233, b11-16//R83, p.465, b11-16）。

〔註7〕《三論玄義》卷1（CBETA, T45, No.1852, p.10, a1-3）。

〔註8〕《十八部論》卷1〈15 分別部品〉（CBETA, T49, No.2032, p.19, c11-13）。

〔註9〕《十八部論》卷1〈15 分別部品〉（CBETA, T49, No.2032, p.18, b3-9）。

「僧伽蘭多」是 Samkrantika 的音譯，就意義上來說就是「說轉部」。而《十八部論》提到的「欝多羅」，是《部執異論》與《異部宗輪論》都未提到的。從文中可知「欝多羅」是說轉部之部主，或因欝多羅之主要思想即爲「說轉」，故以「說轉」作爲此部之名。至於爲何又名「修多羅論」，留待以下探討「經部」、「說經部」與「經量部」之名時再作解說。

（三）唐・玄奘《異部宗輪論》

唐代玄奘法師，繼承護法、戒賢一系的有相唯識，在中國本土形成「法相宗」，有弟子窺基、智周等傳其衣鉢，自印度回歸中土後十九年間，譯經不輟。玄奘反對鳩摩羅什等譯家對經典採取「意譯」的方式，而主張翻譯必需忠於原典，逐字翻譯。

在眞諦譯《十八部論》後，玄奘又重新再譯，名爲《異部宗輪論》，異部，指不同的部派；宗輪，則是指各部派宗旨互有歧異，如輪轉不定。

在《異部宗輪論》，經部的名稱爲：

> 至第四百年初，從說一切有部，復出一部，名經量部，亦名說轉部。
> 〔註10〕

在《異部宗輪論》中，玄奘將此部亦爲「經量部」與「說轉部」，《異部宗輪論》中對「說轉」之名解釋爲：

> 其經量部本宗同義，謂說諸蘊有從前世轉至後世，立說轉名，非離聖道有蘊永滅。有根邊蘊，有一味蘊，異生位中亦有聖法，執有勝義補特伽羅，餘所執多同說一切有部。〔註11〕

「說度」與「說轉」這樣的名稱，如同「說一切有部」、「說出世部」一般，是以其部中重要的教理立爲一部之名。筆者認爲在本論書中，與「說轉」或「說度」等以一部之重要教理作爲部名，最直接相關的內容在於「蘊（陰）」與「勝義補特伽羅」。

《部執異論》中譯爲「陰有本末」，《十八部論》中說「陰約有根本」，《異部宗輪論》則直接說明「有根邊蘊，有一味蘊」。顯然在本論書中，認爲經部最重要的一條教理便是承認有情自前世輪迴至後世，會有一所依之體，以維持此世至後世，造業與承受業報之主體的同一性。從有部分裂出之經部會出現這樣的主張，其與有部的關聯，以及可立爲一部之名的獨特性，都尚有探討空間。

〔註10〕《異部宗輪論》卷1（CBETA, T49, No.2031, p.15, b18-20）。
〔註11〕《異部宗輪論》卷1（CBETA, T49, No.2031, p.17, b2-6）。

二、「說經部」與「經量部」

在《部執異論》與《異部宗輪論》中，均沒有對「說經部」與「經量部」之名的說明。但《三論玄義》與《異部宗輪論述記》均有對此提出看法。

（一）陳‧真諦《部執異論》

而《三論玄義》更進一步的說明，名為「說經部」，乃是因：

> 亦名說經部，謂唯經藏為正，餘二皆成經耳。〔註12〕

此部將經藏作為所依的典據。但佛教中任何派別，都必定是依經藏的，故為何將此標為本部的特色並以此為名，以及此經藏的內涵為何，亦有探討空間。

（二）唐‧玄奘《異部宗輪論》

「經量部」之名，雖未見於《異部宗輪論》本文中，但《異部宗輪論述記》中也為其解釋：

> 此師唯依經為正量，不依律及對法，凡所援據以經為證，即經部師從所立以名。〔註13〕

窺基認為以「經量部」為名，是因本派「依經為正量」，另又云：

> 舊云說度部，然結集時尊者慶喜專弘經藏，今既以經為量，故以慶喜為師，從所立為部名。滿慈弘宣對法，近執弘毗奈耶，既不依於對法及律，故今唯以慶喜為師也。〔註14〕

從窺基的說法可看出經部對經藏的重視。但接下來又產生一些問題：

1、經部為何特別重視經藏？

2、經部所依之經的內容為何？

從《述記》中，窺基強調其「不依律及對法」，可以推測經部強調「依經」，也許是為了和重視論藏的「說一切有部」做出區隔。

而經量部所依之經，日本學者水野弘元認為是為了反對當時只依阿毘達摩的說一切有部，而依阿含經作為典據〔註15〕，而國內學者呂澂則認為，所

〔註12〕《三論玄義》卷1（CBETA, T45, No.1852, p.10, a1-3）。

〔註13〕《異部宗輪論述記》卷1（CBETA, X53, No.844, p.577, b17-23//Z1：83, p.221, a2-8//R83, p.441, a2-8）。

〔註14〕《異部宗輪論述記》卷1（CBETA, X53, No.844, p.577, b17-23//Z1：83, p.221, a2-8//R83, p.441, a2-8）。

〔註15〕水野弘元等著，許洋主譯：《印度的佛教》（台北：法爾出版社，1998年五月初版二刷）頁96。

有的部派對經典的解釋或許不同，但沒有一部不使用到經典的。故經部所依之經並非一般的經典，呂澂認為按真諦所譯的《隨相論》稱此部為「經優婆提舍師」而認為「經」非一般的經，而是「優婆提舍」，「優婆提舍」為「屬於十二分教中的論議，《成實論》的譯本裏即稱之為論經。經部原來以論經為宗，隨後乃廣泛運用一切經，……。」〔註16〕，在《瑜伽師地論》中，解釋「論議」為對經義的分別研究，故言經部以「優婆提舍」為主，回歸佛陀與弟子間對於經典的議論分別，這樣的說法並無不當。

　　印順法師在《印度佛教思想史》中，對於經部之名的看法，認為經部是為了反抗有部阿毘達磨之權威性，固標榜「以經為量」，才被稱為「經部」。〔註17〕無論「經」之內涵為何，經部的教理與有部無論繼承或相對，都有著密不可分的關聯。

　　至於「經部」、「說經部」、「經量部」與《部執異論》、《十八部論》、《異部宗輪論》中記載以「一味蘊」、「勝義補特伽羅」為主要教理的「說度部」、「說轉部」是否為同一部，在印順《說一切有部為主的論書與論師之研究》中，列出了四類不同的說法。在清辨所著的《異部精釋》〔註18〕中有三說：

> 1、說一切有部的傳說，說轉部又名無上部。在漢譯的『異部宗輪論』，經量部又名說轉部；說轉與說經，是看作同一部的異名。西藏所傳，稱為無上部，漢譯『十八部論』（『異部宗輪論』的舊譯），曾這樣說：「因大師鬱多羅，名僧伽蘭多（說轉），亦名修多羅論（經部）」。這可見鬱多羅（無上義）是這一部派的開創者；無上部從部主立名。
>
> 2、大眾部的傳說，但有說經部。
>
> 3、正量部的傳說，但有說轉部。〔註19〕

而在銅鍱部的傳說中，則是認為從說一切有部中分出說轉部，其後又分出說經部。在漢譯的『舍利弗問經』中，也說「說轉」、「說經」為不同的二部。〔註20〕

〔註16〕呂澂：《印度佛學源流略論》（台北：大千出版社，2008年二版一刷）頁487。

〔註17〕印順《印度佛教思想史》（台北：正聞出版社，1993年四月五版）頁225。

〔註18〕目前《異部精釋》的版本只能找到寺本婉雅所著的《藏漢和三訳對校異部宗輪論──異部宗精釋・異部說集》（東京，日本〔Tokyo, Japan〕国書刊行会1974.06.01），台大圖書館藏書，此處乃轉引印順《說一切有部為主的論書與論師之研究》中之內文。

〔註19〕印順：《說一切有部為主的論書與論師之研究》（新竹：正聞出版社，1968年）頁529～529。

〔註20〕印順：《說一切有部為主的論書與論師之研究》（新竹：正聞出版社，1968年）

　　印順法師認為，《異部宗輪論》中所言創立於佛滅後四百年初，以鬱多羅為創立者的說經部或經量部，其實是說轉部。印順法師言：

> 世友 Vasumitra 造『異部宗輪論』時，還沒有說到經部。因部主得名，名鬱多羅部；從所立宗義得名，名說轉部。等到經部成立而大大發展起來，要在部派中得到一席地，於是乎從說一切有部分出的鬱多羅部，被傳說為修多羅；於是乎漢譯有說轉部就是說經部的傳說。
> 〔註21〕

在《宗輪論》的時代，真正的經部尚未發展成熟，故其所記載的「說轉部」，與後世世親《俱舍論》、眾賢《順正理論》、訶梨拔摩《成實論》等所傳之經部義有相當大的差距，故在此若將說轉部之名，等同於經部，似有不妥。至於經部源流及發展狀況，需到下節方有詳細敘述。

第二節　經部的源起與發展

　　經部在部派發展史中，是屬於較晚出現的一派，且對於其源流與發展眾說紛紜，本節將說明經部發展與有部及唯識學的關聯，並按經部發展時間先後順序，配合其不同時期代表性的論書及其關注的議題，作一梳理。

　　對於經部發展過程，在許多論書上皆有記載。如普光的《俱舍光記》（以下簡稱《光記》）中即言：

> 此中大德至此是所許者，鳩摩邏多，此云豪童。是經部祖師。於經部中造《喻鬘論》、《癡鬘論》·《顯了論》等。經部本從說一切有中出。以經為量名經部。執理為量名說一切有部。〔註22〕

《俱舍光記》中言經部本從說一切有部中分出，此點與《異部宗輪論》相同，故有部之間關係密切是還無疑義的。而《光記》中以鳩摩邏多為經部祖師，根據玄奘《大唐西域記》的記載，鳩摩邏多與馬鳴、提婆、龍猛號為四日照世，亦言鳩摩邏多為經部之本師。〔註23〕

　　　　　頁529～529。
〔註21〕印順：《說一切有部為主的論書與論師之研究》（新竹：正聞出版社，1968年）
　　　　　頁529～529。
〔註22〕《俱舍論記》卷2〈1分別界品〉：（CBETA, T41, No.1821, p.35, c3-7）。
〔註23〕《大唐西域記》卷12：「無憂王命世，即其宮中建窣堵波。其王於後遷居宮東北隅，以其故宮，為尊者童受論師建僧伽藍，臺閣高廣，佛像威嚴。尊者，呾叉始羅國人也，幼而穎悟，早離俗塵，遊心典籍，棲神玄旨，日誦三萬二

在窺基《成唯識論述記》中，談論到經部的分派：

> 譬喻師是經部異師，即日出論者，是名經部。此有三種：一、根本
> 即鳩摩羅多。二、室利邏多，造經部毘婆沙，正理所言上座是。三、
> 但名經部，以根本師造結鬘論廣說譬喻，名譬喻師。從所說爲名也，
> 其實總是一種經部。〔註24〕

《成唯識論述記》將經部分爲三個派別，分別爲鳩摩邏多、室利邏多與譬喻師。鳩摩羅多爲經部之根本，此與《光記》、《大唐西域記》之說相似。室利邏多的貢獻在於造了經部的毘婆沙，可惜已經失傳。目前室利邏多之思想，只能從說有部論師眾賢所著之《順正理論》中窺知，而室利邏多也就是《順正理論》中所言之「上座」。第三種所說的「根本師造結鬘論」的根本師指的應是前文所提到的鳩摩羅多，〔註25〕而第三種經部，以《結鬘論》爲主廣說譬喻，名爲譬喻師，這些譬喻師的時代應晚於鳩摩羅多，爲鳩摩羅多之追隨者。

從《異部宗輪論》、《光記》和《成唯識論述記》中，可以瞭解經部是從說一切有部中分裂出來，而經部的發展亦相當複雜，如「經部如何從有部中分裂」、「經部與譬喻師的關連」、「鳩摩邏多、室利邏多等論師在經部發展中的位置」等，皆是本節接下來所需要探討的重點。

此外，尚有幾本與經部有直接相關的論書，亦本節探討重點。經部是從有部中分裂出的部派，而在有部重要論書《大毘婆沙論》中，不但記載有部

千言，兼書三萬二千字。故能學冠時彥，名高當世，立正法，摧邪見，高論清舉，無難不酬，五印度國咸見推高。其所製論凡數十部，並盛宣行，莫不翫習，即經部本師也。當此之時，東有馬鳴，南有提婆，西有龍猛，北有童受，號爲四日照世。故此國王聞尊者盛德，興兵動眾，伐呾叉始羅國，脅而得之，建此伽藍，式昭瞻仰。」（CBETA, T51, No.2087, p.942, a8-20）。

〔註24〕《成唯識論述記》卷4（CBETA, T43, No.1830, p.358, a9-14）。
〔註25〕印順《說一切有部爲主的論書與論師之研究》：「『喻鬘論』（或作『結鬘論』），沒有譯爲漢文。近代，在新疆庫車的 Kizil 廢墟，發見有大同馬鳴『大莊嚴論』的梵文斷簡，題爲鳩摩羅羅陀作。書名爲 Kalpanqman!d!itika（譬喻莊嚴），又 Dr!s!t!a^ntapan%ktiya^m!（譬喻鬘）。由此，佛學界或推論爲：馬鳴所造的『大莊嚴經論』，就是鳩摩羅陀所造的『喻鬘論』，這與我國的古傳是不合的。譬喻大師的風格相近，彼此間的作品，在傳說中，容易淆訛。如僧伽斯那的『癡鬘論』，被傳爲鳩摩羅陀所造。摩咥哩制吒 Ma^t!ricet!a 的『百五十讚』，被傳爲馬鳴所造。梵本與漢譯，都可能以誤傳誤的。但馬鳴與迦膩色迦王同時，鳩摩羅陀要遲一些。『大莊嚴經論』說：『我昔曾聞拘沙種中有王名眞檀迦膩吒』。所以，如以『大莊嚴經論』———『譬喻鬘』爲鳩摩羅陀所造，倒是更合適些。」（新竹：正聞出版社，1968年）頁538。

教理，且多次提到與經部有密切關聯的「譬喻師」。另外鳩摩邏多之弟子訶梨跋摩所作之《成實論》、世親採經部義所作之《俱舍論》及眾賢爲反《俱舍》之經部義所著之《順正理論》，均爲經部發展史上幾本重要著作，其時代與關注議題，均爲本節所需探討的內容。

一、與經部相關的論師與論書時代

要探討經部的發展，便須先釐清經部發展史中幾個重要人物與論書的時代背景，以下將分點探究與經部相關各重要論書及論師的時代與背景，將其歷史淵源及時代釐清後，方能更進一部探討經部學說的發展。

（一）有部論書《大毘婆沙論》與「譬喻師」

1.《大毘婆沙論》之背景、成書時代

關於《大毘婆沙論》的成書背景，在龍樹的《大智度論》中記載，是迦旃延爲解佛語，作《發智八乾度》，後因弟子們作《鞞婆沙》，以詮《發智》之義。〔註26〕而在玄奘《大唐西域記》中，亦記載關於《婆沙》的編纂，乃是在迦膩色迦王於迦濕彌羅國，召集五百賢聖，爲釋「阿毘達摩藏」而作《阿毘達摩大毘婆沙論》。〔註27〕而在眞諦所譯《婆藪盤豆法師傳》中，則是言《發智論》與《毘婆沙》的編纂，迦旃延均有參與，而《毘婆沙》乃爲釋《發智》而作，由馬鳴紀錄。〔註28〕

〔註26〕《大智度論》卷2〈1序品〉：「佛在世時，法無違錯；佛滅度後，初集法時，亦如佛在。佛後百年，阿輸迦王作般闍于瑟大會，諸大法師論議異故，有別部名字。從是以來，展轉至姓迦旃延婆羅門道人，智慧利根，盡讀三藏內外經書，欲解佛法故，作《發智經八乾度》，初品是世間第一法。後諸弟子等，爲後人不能盡解《八乾度》故，作鞞婆婆。」（CBETA, T25, No.1509, p.70, a7-14）。

〔註27〕《大唐西域記》卷3：「是五百賢聖，先造十萬頌《鄔波第鑠論》（舊曰《優波提舍論》，訛也）。釋《素呾纜藏》（舊曰《修多羅藏》，訛也）。次造十萬頌《毘奈耶毘婆沙論》，釋《毘奈耶藏》（舊曰《毘那耶藏》，訛也）。後造十萬頌《阿毘達磨毘婆沙論》，釋《阿毘達磨藏》（或曰《阿毘曇藏》，略也）。凡三十萬頌，九百六十萬言，備釋三藏，懸諸千古，莫不窮其枝葉，究其淺深，大義重明，微言再顯，廣宣流布，後進賴焉。迦膩色迦王遂以赤銅爲鍱，鏤寫論文，石函緘封，建窣堵波，藏於其中。命藥叉神周衛其國，不令異學持此論出，欲求習學，就中受業。」（CBETA, T51, No.2087, p.887, a5-15）。

〔註28〕《婆藪槃豆法師傳》卷1：「佛滅度後五百年中有阿羅漢，名迦旃延子。母姓迦旃延從母爲名，先於薩婆多部出家，本是天竺人後往罽賓國，罽賓在天竺

　　由以上的各種說法，顯見《婆沙》之成書背景及時代十分混亂。可以確定的是，《婆沙》乃是爲解釋《發智論》所作。但《婆沙》產生之時代，按玄奘所記載是在迦膩色迦王時期，在日本學者木村泰賢之著作《阿毘達摩之研究》與近代學者印順法師之著作《說一切有部爲主的論書與論師之研究》中，均已將此說法推翻。在印順法師的推論中，認爲：

　　（1）在傳說迦膩色迦王事蹟的書中，皆無記載作《毘婆沙》之事。〔註29〕

　　（2）在《毘婆沙》中，稱迦膩色迦王爲昔日之王。〔註30〕

　　以下，則爲印順法師對於《毘婆沙》成書時間之推定：

　　　考迦膩色迦王的年代，學者間異說極多。然依中國史書，這必是丘

之西北。與五百阿羅漢及五百菩薩，共撰集薩婆多部阿毘達磨，製爲八伽蘭他，即此間云八乾度，伽蘭他譯爲結，亦曰節。謂義類各相結屬故云結。又攝義令不散故云結，義類各有分限故云節。亦稱此文爲發慧論以神通力及願力，廣宣告遠近。若先聞說阿毘達磨隨所得多少可悉送來，於是若天諸龍夜叉乃至阿迦尼師吒，諸天有先聞佛說阿毘達磨，若略若廣乃至一句一偈悉送與之。迦旃延子共諸阿羅漢及諸菩薩簡擇其義，若與修多羅毘那耶不相違背，即便撰銘若相違背即便棄捨，是所取文句隨義類相關；若明慧義則安置慧結中，若明定義則安置定結中，餘類悉爾。八結合有五萬偈，造八結竟復欲造毘婆沙釋之。馬鳴菩薩是舍衛國婆枳多土人，通八分毘伽羅論，及四皮陀六論，解十八部。三藏文宗學府允儀所歸，迦旃延子遣人往舍衛國，請馬鳴爲表文句，馬鳴既至罽賓，迦旃延次第解釋八結，諸阿羅漢及諸菩薩，即共研辯義意若定，馬鳴隨即著文，經十二年造毘婆沙方竟。凡百萬偈，毘婆沙譯爲廣解。」（CBETA, T50, No.2049, p.189, a1-26）。

〔註29〕印順《說一切有部爲主的論書與論師之研究》「護持佛法的迦膩色迦大王，古來傳述他的事跡，都沒有說到集眾結集三藏，或作《毘婆沙》。如鳩摩羅什 Kumarajiva（西元四一○頃譯）『大莊嚴經論』的「眞檀迦膩吒」，或「栴檀罽尼吒」；道安（西元三八四作）『僧伽羅刹經序』的「甄陀罽貳王」；『高僧法顯傳』（西元四一六作）的「罽膩伽王」；吉迦夜 Kimkarya（西元四六○頃譯）『雜寶藏經』與『付法藏因緣傳』的「旃檀罽膩吒王」；『洛陽伽藍記』（西元六世紀作）的「迦尼色迦王」。而古來說到『毘婆沙論』的，卻都沒有提到「迦尼色迦王」。如鳩摩羅什的『大智度論』；道安（西元三八三作）的『鞞婆沙序』；道梴（西元四三○頃作）的『毘婆沙經序』。到眞諦 Paramasrtha（西元五四六～五六九）的『婆藪盤豆法師傳』，才說到與馬鳴 Asvaghosa 同時的國王，但還沒有說到國王的名字。這些古代的傳記，雖說古記簡略，但古代傳記一律如此，那對於玄奘的晚期（西元七世紀）傳說，就不能不特別注意了。」（新竹：正聞出版社，1968 年）頁 201～211。

〔註30〕印順《說一切有部爲主的論書與論師之研究》「而且，『大毘婆沙論』卷一一四（大正二七・五九三上），說到：「昔健陀羅國迦膩色迦王」。『毘婆沙論』編集的時代，據此論文的自身證明，迦膩色迦已是過去的國王了。」（新竹：正聞出版社，1968 年）頁 210～211。

就郤 Kujua KadphisesI、閻膏珍（Wima KadphisesI）以後的大王。丘就郤與閻膏珍，一般論為自西元三四十年到百年頃。迦膩色迦王約於西元二世紀初在位；『大毘婆沙論』的編集，必在迦膩色迦王以後。龍樹 Nagarjuna 的『大智度論』，多處說到『毘婆沙論』；龍樹為西元二、三世紀人。『大毘婆沙論』的編集，在迦膩色迦王以後，龍樹以前，所以或推定為西元二世紀中——一五〇年前後，大體可信。

這樣，依阿育王 Asoka 出佛滅百餘年說來推算，『大毘婆沙論』的集成，應為佛滅六百年中，與『三論玄義』的傳說相近。

按印順法師推斷，《婆沙》之成書時間是在佛滅六百年中，而在《婆沙》之中，已出現兩次「經部」一詞。但《婆沙》中的「經部」是否為後代所言之經部，在下節中將進行探究。而《異部宗輪論》所提到的說轉部，是在「佛滅第四百年初」，較《婆沙》成書時早了約兩百年。說轉部出現的時間較早，就時間上的差距來說，更能印證印順認為「說轉部」不能等同於經部之推論。

2、《大毘婆沙論》中出現的「經部」一詞

在玄奘譯之《大毘婆沙論》中，只有在以下兩個地方出現「經部」一詞，第一處如下：

（1）有說：彼經唯說聖道，所以者何？聖者差別依聖道說非世俗故。

問彼經又說：若全無此信等五根，我說彼住外異生品。復云何通？答：斷善根者名外異生，謂諸異生總有二種：一內二外。不斷善根，說名為內；斷善根者，說名為外。彼經意說：若全無此信等五根，我說名為斷善根者，故所引經於我無失。或說：此是經部所說，謂經部師，亦為遮遣分別論者，如前所執故作是言。世第一法五根為性，非唯爾所。〔註31〕

以上內容，在北涼時期所譯的《阿毘曇毘婆沙論》中如下：

誦持修多羅者，說言五根是世第一法，尊者達磨多羅說曰：世第一法，體性是思名差別耳。尊者佛陀提婆說曰：世第一法，體性是心，名差別耳。〔註32〕

《大毘婆沙論》中的經部，在《阿毘曇毘婆沙論》中譯為「誦持修多羅者」。

〔註31〕 《阿毘達磨大毘婆沙論》卷 2（CBETA, T27, No.1545, p.8, a21-b9）。

〔註32〕 《阿毘曇毘婆沙論》卷 1〈1 世第一法品〉（CBETA, T28, No.1546, p.6, a28-b3）。

此言「誦持修多羅」者，又舉「達磨多羅」與「佛陀提婆」兩位論師，印順法師認爲達磨多羅（法救 Dharmatrāta）與佛陀提婆（覺天 Buddhadeva）爲說一切有部中的「譬喻師」，就是相對於有部重論派的「持經論師」，〔註33〕故此部份所說的其實是有部中譬喻師的觀點。

在《大毘婆沙論》中提到經部的第二處如下：

（2）或後有執，相與所相一切相似，如相似相續沙門。彼作是說：色法生住老無常體還是色，乃至識法生老住無常體還是識。爲遮彼執顯有爲相，唯不相應行蘊所攝。或復有執，色等五蘊，出胎時名生，相續時名住，衰變時名異，命終時名滅。如經部師爲遮彼執顯彼，唯是眾同分相非有爲相。有爲相者，諸有爲法，一一剎那皆具四相。〔註34〕

在《阿毘曇毘婆沙論》中，雖有列出種種三有爲相的異說，但並沒有提到獨爲經部的說法。故印順法師認爲經部的成立，應在《大毘婆沙論》之後。而筆者認爲在《大毘婆沙論》時期，經部之名尚未成立，與經部較有相關的部分應爲有部中屬於「持經派」的譬喻師，故在《大毘婆沙論》時期，雖不能說經部全無發展，但應是屬於萌芽階段。

3.「譬喻師」：法救、覺天、鳩摩邏多

「譬喻」原指爲了使人更容易理解教理，而使用實例，故事或寓言等加以說明的方式，屬於十二分教之一。而譬喻師的出現，印順法師與國內學者呂澂皆認爲，是出自佛法流傳過程中的「持法者」。印順法師認爲由於受到經典結集受持的影響，故從持法者中又分化出一群有持經傾向的論師，從持法者中發展出阿毘達磨論者；從持經者發展出譬喻師。〔註35〕呂澂則認爲是從持法者中出現按《法句經》組織學說的譬喻師與論經師。〔註36〕

〔註33〕印順《說一切有部爲主的論書與論師之研究》：「在『大毘婆沙論』中，譬喻師說極多，而經部說似乎是沒有的。唐譯有經部說二則：一、「五根爲等無間入正性離生，是謂世第一法」。「或說此是經部師說」。但在涼譯『毘婆沙論』，作「誦持修多羅者」，並舉曇摩多羅（法救 Dharmatrata），佛陀提婆（覺天 Buddhadeva）爲說明。法救與覺天，爲譬喻師，但是說一切有部的譬喻師，所以「誦持修多羅者」，是說一切有部的持經師，並非經部。」（新竹：正聞出版社，1968 年）頁 533。
〔註34〕《阿毘達磨大毘婆沙論》卷 38（CBETA, T27, No.1545, p.198, a26-b5）。
〔註35〕印順《說一切有部爲主的論書與論師之研究》第八章第一節第一項。
〔註36〕呂澂《印度佛學源流略論》（台北：大千出版社，2008 年四月二版一刷）頁 498。

　　說一切有部四大論師之二的法救與覺天，便是屬於持經派的譬喻師，〔註37〕
此一說法在窺基《成唯識論述記》中有提及，且印順法師根據《大毘婆沙論》
中多處記載，亦證實法救與覺天的確爲有部中的譬喻師。〔註38〕

　　在《成唯識論述記》中，另外記載與「譬喻師」相關的內容爲：

> 佛去世後一百年中，北天竺恒又翅羅國有鳩摩邏多，此言童首，造
> 九百論。時五天竺有五大論師，喻如日出明導世間名日出者，以似
> 於日，亦名譬喻師。或爲此師造喻鬘論集諸奇事，名譬喻師，經部
> 之種族，經部以此所說爲宗。當時猶未有經部，經部四百年中方出
> 世故如成業論。〔註39〕

在本段內容中，窺基認爲日出論者又稱爲譬喻師，而鳩摩邏多爲重要代表之
一而經部是以此爲宗。窺基說鳩摩邏多爲佛滅後一百年中人，按印順法師的
說法，提出兩個不成立的理由：

　　（1）窺基此說應是誤解了玄奘《大唐西域記》中對鳩摩邏多的記載。《大
唐西域記》中提到「無憂王命世，即其宮中建窣堵波。其王於後遷居宮東北
隅，以其故宮，爲尊者童受論師建僧伽藍，臺閣高廣，佛像威嚴。〔註40〕」，
關鍵在於「其王」並非阿育王，而是延請童受到朅盤陀國的君王。窺基對此
段文義理解錯誤。〔註41〕

　　在《大唐西域記》中另有一段提及此事的內容：

> 捨頭窣堵波側有僧伽藍，庭宇荒涼，僧徒減少。昔經部拘摩羅邏多
> （唐言童受）論師於此製述諸論。〔註42〕

在本段文字之前，亦有先言無憂王造「窣堵波」一事。〔註43〕但從上文文意

〔註37〕除印順法師外，呂澂在《印度佛學源流略論》中亦言：「在有部四大家之數的
　　　　法救、覺天，也可算是譬喻師的中心人物。譬喻師學說資料，作爲反對和批
　　　　判的對象被保存在《大毗婆沙論》中，前後飲用，不下八十餘處。」（台北：
　　　　大千出版社，2008 年四月二版一刷）頁 242。
〔註38〕印順《說一切有部爲主的論書與論師之研究》第六章第一節第一項。另呂澂
　　　　《印度佛學源流略論》中談論經部學，亦認爲是窺基誤解了玄奘之意。（台北：
　　　　大千出版社，2008 年四月二版一刷）頁 489。
〔註39〕《成唯識論述記》卷 2（CBETA, T43, No.1830, p.274, a8-15）。
〔註40〕《大唐西域記》卷 12（CBETA, T51, No.2087, p.942, a8-10）。
〔註41〕印順《說一切有部爲主的論書與論師之研究》（新竹：正聞出版社，1968 年）
　　　　頁 536～537。
〔註42〕《大唐西域記》卷 3（CBETA, T51, No.2087, p.884, c24-p.885, a2）。
〔註43〕《大唐西域記》卷 3：「城北十二三里有窣堵波，無憂王之建也。」（CBETA, T51,

看來，只有說昔日鳩摩邏多曾在此處造論，並未說是在無憂王時期，故筆者認爲窺基誤解《大唐西域記》之說而有鳩摩邏多爲無憂王時期，也就是佛滅一百年中之人，實屬可能。

（2）窺基自言鳩摩邏多爲經部本師，但又說當時尚未有經部，兩者之間產生矛盾。〔註44〕

以下本文將探討關於同屬譬喻師的「法救」、「覺天」與「鳩摩邏多」之時代與經部、說一切有部之關連。

（1）法救與覺天

在《大毘婆沙論》中，提到「有部四大論師」爲法救、妙音、世友、覺天。〔註45〕而法救與覺天，更是四大論師中屬於持經系的論師，對於後代經部譬喻師有重要的影響。〔註46〕

在《俱舍光記》中言：

> 法救，梵名達磨多羅。佛涅槃後三百年出世。〔註47〕

法救既有對《發智論》作出評論，那麼其年代必是在《發智論》之後，按印順法師之說法，法救之年代與造《發智論》之迦旃延相去應不遠，迦旃延造《發智論》的年代約在西元前一百五十年，也就是西元前二世紀中，而法救應較迦旃延略晚，推測約在西元前二世紀末，《光記》所言法救之年代，應相去不遠。〔註48〕

另覺天的時代，據印順法師之說，亦在《發智論》之後，且較法救爲晚，約在西元前後。〔註49〕

No.2087, p.884, c15-16）。

〔註44〕印順《說一切有部爲主的論書與論師之研究》第十二章第二節第一項。

〔註45〕《阿毘達磨大毘婆沙論》卷77：「說一切有部有四大論師，各別建立三世有異。謂尊者法救說類有異；尊者妙音說相有異；尊者世友說位有異；尊者覺天說待有異。」（CBETA, T27, No.1545, p.396, a13-16）。

〔註46〕印順《說一切有部爲主的論書與論師之研究》（新竹：正聞出版社，1968年）頁249～250。

〔註47〕《俱舍論記》卷1〈1分別界品〉（CBETA, T41, No.1821, p.11, a7-8）。

〔註48〕印順《說一切有部爲主的論書與論師之研究》（新竹：正聞出版社，1968年）頁266～268。

〔註49〕印順《說一切有部爲主的論書與論師之研究》第六章第二節「西元一八六九年，摩偷羅Mathura發見出土的獅子柱頭銘文，記有「軌範師佛陀提婆，並說一切有部比丘」字樣。學者推定爲西元前一○年到西元一○年間。也許這就是四大論師之一的覺天吧！」（新竹：正聞出版社，1968年）頁271。

（2）鳩摩邏多

　　窺基《成唯識論述記》中，言鳩摩邏多爲經部之「根本」，而在窺基《成唯識論述記》中，認爲鳩摩邏多爲佛滅後一百年中人，已被印順法師所推翻。

　　在《大唐西域記》中，言鳩摩邏多與馬鳴、提婆、龍猛號稱四日照世；〔註50〕南朝·僧祐的《出三藏集記》中，在〈薩婆多部記目錄序第六〉，將鳩摩羅馱記於馬鳴之後，〔註51〕同時《出三藏記集》所收錄僧叡所作之〈關中出禪經序〉中，亦言《關中出禪經》三卷，前四十三偈是鳩摩羅羅陀法師所造，後二十偈爲馬鳴所造；〔註52〕另外題爲鳩摩羅多所作之《喻鬘論》梵文殘篇，內容與秦鳩摩羅什所譯，題爲馬鳴所造的《大莊嚴論》內容相合，對於此說學者有不一樣的看法。印順認爲年代相近的譬喻大師風格接近，作品本易產生混淆，《喻鬘論》（或說《大莊嚴經論》）應爲鳩摩羅多之作；〔註53〕而呂澂則認爲鳩摩羅多年代在馬鳴之後，故有可能是補訂馬鳴之作。〔註54〕

　　由以上資料可見，鳩摩羅多與馬鳴的年代相近，而馬鳴是迦膩色迦王時期，〔註55〕也就是西元二世紀初之人物。按《出三藏記集》的記載，鳩摩羅

〔註50〕見註21。

〔註51〕《出三藏記集》卷12：「大迦葉羅漢傳第一，阿難羅漢第二，末田地羅漢第三，舍那婆斯羅漢第四，優波掘羅漢第五，慈世子菩薩第六，迦㫋延羅漢第七，婆須蜜菩薩第八，吉栗瑟那羅漢第九，長老脇羅漢第十，馬鳴菩薩第十一，鳩摩羅馱羅漢第十二，韋羅羅漢第十三……」（CBETA, T55, No.2145, p.89, a20-26）。

〔註52〕《出三藏記集》卷9：「尋蒙抄撰眾家禪要，得此三卷，初四十三偈，是鳩摩羅羅陀法師所造；後二十偈，是馬鳴菩薩之所造也。」（CBETA, T55, No.2145, p.65, a27-29）

〔註53〕印順《說一切有部爲主的論書與論師之研究》（新竹：正聞出版社，1968年）頁538。

〔註54〕呂澂在《印度佛學源流略論》（台北：大千出版社，2008年四月二版一刷）頁488～489。

〔註55〕印順《說一切有部爲主的論書與論師之研究》：「馬鳴與迦膩色迦王同時，傳與『大毘婆沙論』的編集有關。『婆藪盤豆法師傳』說：馬鳴受請，十二年中爲『大毘婆沙論』潤文。Ta^rana^tha『印度佛教史』說：馬鳴不願北上，命弟子代行，因而傳有致迦尼迦王書。然『大毘婆沙論』，引有法善現頌，及迦膩色迦王的事。『大毘婆沙論』編集在後，馬鳴是不可能爲之潤文的。至於西藏所傳，馬鳴致迦尼迦王書，性質與龍樹的『親友書』相近，或可以證實馬鳴與迦膩色迦王的關係。　關於馬鳴出世的年代，如上所引，僧叡說「正法之餘」，就是佛滅五百年末，與婆藪盤豆法師傳相合。『薩婆多部記』作三百餘年，可能爲五百餘年的筆誤。『摩訶摩耶經』作六百年。依說一切有部的佛滅傳說（阿育王出佛滅一百餘年），出五百年末，弘法於六百年中，馬鳴應爲西元二世紀初人，與迦膩色迦王的時代相當。」（新竹：正聞出版社，1968年）頁334～335。

多時代略晚於馬鳴，應爲西元二世紀中人。〔註56〕

（二）訶梨拔摩與《成實論》

《成實論》主訶梨跋摩，又譯爲師子鎧、師子冑。在玄暢《出三藏集記》中的〈訶黎跋摩傳〉中記載：

> 訶梨跋摩者，此稱師子鎧，佛泥洹後九百年出，在中天竺婆羅門
> 也。……遂抽簪革服，爲薩婆多部達摩沙門究摩羅陀弟子。〔註57〕

〈訶黎跋摩傳〉言訶黎跋摩之時代爲佛涅槃後九百年，並爲有部之論師究摩羅陀之弟子。而在隋代三論宗大師吉藏所著之《三論玄義》中，亦記載：

> 昔羅什法師翻成實論竟，命僧叡講之。什師沒後，叡公錄其遺言，
> 製論序云：成實論者，佛滅度後八百九十年，罽賓小乘學者之匠鳩
> 摩羅陀上足弟子訶梨跋摩之所造也。〔註58〕

《三論玄義》中所引之觀點，爲東晉・僧叡所作的〈成實論序〉。而〈成實論序〉之內容，又是承繼鳩摩羅什之說法。以上兩段引文均提出訶黎跋摩之時代與師承。

就時代上來看，兩者說法相差無幾。印順法師依古代傳說，認爲訶黎跋摩應在提婆之後，而在《成實論》中的〈三受業報品〉中，引用了提婆《四百論》：「小人身苦，君子心憂」〔註59〕兩句話，故訶黎跋摩時代應在提婆之後無誤。而依《薩婆多部記》之記載，說訶黎跋摩在婆藪盤頭之前，故訶黎跋摩之時代應處於提婆與世親之間。〔註60〕

提婆與龍樹同時代而略晚，學者呂澂認爲，龍樹應爲公元三世紀初人（公元二二五年）當時東南印度屬甘蔗王朝統治，其後經由考古，證實龍樹之時代應在甘蔗王朝時期，〔註61〕而提婆亦相去不遠。而世親爲笈多王朝後半期的人，最晚不會超過公元第五世紀，大約爲四世紀中到末。故訶黎跋摩之時

〔註56〕呂澂亦認爲鳩摩羅多年代較馬鳴稍後，約佛滅後七百年（公元第二世紀人），
　　　　《印度佛學源流略論》（台北：大千出版社，2008 年四月二版一刷）頁 489。

〔註57〕《出三藏記集》卷 11（CBETA, T55, No.2145, p.78, c3-10）。

〔註58〕《三論玄義》卷 1（CBETA, T45, No.1852, p.3, c10-14）。

〔註59〕《成實論》卷 8〈105 三受報業品〉：「又四百觀中説，小人身苦君子心憂。」
　　　　（CBETA, T32, No.1646, p.298, b14）。

〔註60〕印順《說一切有部爲主的論書與論師之研究》（新竹：正聞出版社，1968 年）
　　　　頁 574～575。

〔註61〕呂澂《印度佛學源流略論》（台北：大千出版社，2008 年四月二版一刷）頁
　　　　160～161。

代，約在三到四世紀之間。

關於訶黎跋摩的師承，兩則記載皆說爲鳩摩羅陀之弟子。在〈訶黎跋摩傳〉中，說鳩摩羅陀爲「薩婆多部」，而《三論玄義》中是「罽賓小乘學者」，「罽賓」是北方佛學發展的重鎭，據印順法師的說法，有部是自摩偷羅往北發展，接著以罽賓爲中心而大成。〔註62〕鳩摩羅陀爲經部根本師，但與其屬「薩婆多部」並不矛盾，譬喻師本爲有部之一支，其後自有部逐漸獨立爲經部譬喻師，鳩摩羅陀在其中扮演了關鍵的角色。故說其本爲薩婆多部亦無誤。

〈訶黎跋摩傳〉中記載訶黎跋摩作《成實論》之緣由爲：

> 時有僧祇部僧，住巴連弗邑，並遵奉大乘。云是五部之本，久聞跋摩才超群彥，爲眾師所忌，相與慨然，要以同止，遂得研心方等銳意九部，採訪微言，搜簡幽旨。於是博弘百家眾流之談，以檢經奧通塞之辯；澄汰五部，商略異端；考覈迦旃延，斥其偏謬。除繁棄末，慕存歸本，造述明論，厥號成實。〔註63〕

訶黎跋摩雖承鳩摩羅多之學，然而對《婆沙》與有部之說仍多有不滿，批其「浮繁妨情，支離害志。」〔註64〕，因此來到笈多王朝首都巴連弗邑。當時的僧祇部已至多聞階段，融攝大乘，而《成實論》之作即受多聞部之影響，有融會大乘之處，亦有承接鳩摩羅多學說之處，自成一格。

《成實論》之內容，在吉藏《三論玄義》中記載三種說法：

> 成實之宗正依何義？答有人言：擇善而從，有能必錄，棄眾師之短，取諸部之長；有人言：雖復斥排群異，正用曇無德部；有人言：偏斥毘曇，專同譬喻；眞諦三藏云：用經部義也，檢俱舍論，經部之義多同成實。〔註65〕

第二種說法言《成實論》正用曇無德部，印順法師認爲，此說法是由於《成實論》亦採用「見滅得道」的思想，但「見滅得道」並不是曇無德部的特有之教理；而曇無德部的其他教理，也並沒有爲《成實論》所用，故此說不可信的。〔註66〕而訶黎跋摩爲經部譬喻師鳩摩羅多之弟子，又不滿有部之說，故第三種

〔註62〕印順《說一切有部爲主的論書與論師之研究》（新竹：正聞出版社，1968年）頁611～613。

〔註63〕《出三藏記集》卷11（CBETA, T55, No.2145, p.79, a12-19）。

〔註64〕《出三藏記集》卷11（CBETA, T55, No.2145, p.78, c17）。

〔註65〕《三論玄義》卷1（CBETA, T45, No.1852, p.3, b16-c1）。

〔註66〕印順《說一切有部爲主的論書與論師之研究》（新竹：正聞出版社，1968年）

說法是有可能的。至於第四種說法，爲眞諦所主張，認爲《成實論》多用經部之義，吉藏亦贊同此說法，但從「鳩摩羅多」到「《成實論》」到「《俱舍論》」，尚有一段漫長的發展過程，故其中重要教理的觀點與變化，是值得探討的。

（三）世親與《俱舍論》

世親，又譯作天親、婆藪槃豆，北印度健馱邏國富婁沙富羅城人，乃國師婆羅門憍尸迦第二子。初於說一切有部出家，作阿毘達磨俱舍論。世親最初不信大乘佛教，認爲大乘並非佛所說。其後經無著之開示，轉而進入大乘。世親著作豐富，有「千部論主」之稱。

亦有學者認爲，作《俱舍論》之世親與「無著之弟」世親，是不同的兩個人。而爲何會將兩人混爲一談，其原因在於眞諦所譯的《婆藪槃豆法師傳》。《婆藪槃豆法師傳》中敘述婆藪槃豆法師，即以其爲無著之弟，並造《俱舍論》，此問題歷來爭執不休。而印順法師在《說一切有部爲主的論書與論師之研究》中，提出，世親的師承向來有三說：

1、佛陀蜜多爲世親師，世親與摩○鯣羅他（心願）同時。〔註67〕

2、末那曷剌他（如意）爲世親的親教師。〔註68〕

3、闍夜多付法與婆修槃陀（世親），婆修槃陀付法與摩奴羅（如意）。〔註69〕

在這些不同的說法中，亦引發可能有兩位不同時代世親的看法。但只自此三種記載便斷定有兩位世親，證據薄弱。故印順又再提出，在《俱舍論》述十二緣起，《俱舍光記》對「有餘釋言」此句之註解爲：

> 此下敘異說。古世親解。是後世親祖師。即是雜心初卷子注中言和
>
> 須槃豆是說一切有部中異師。〔註70〕

而在西藏所傳《俱舍論稱友疏》中，也在此處說明：「如意阿闍黎之和尚，世親阿闍黎說。」這樣，世親爲如意之師，與《付法藏因緣傳》之說符合。而如意又爲《俱舍論》主世親之師。故印順認爲古世親的確是「祖師」，而古世親與新世親，的確有師承之關係。

頁 577。

〔註67〕《婆藪槃豆法師傳》（CBETA, T50, No.2049, p.190, a2）。

〔註68〕《大唐西域記》卷 2（CBETA, T51, No.2087, p.880, c28-29）。

〔註69〕《付法藏因緣傳》卷 6（CBETA, T50, No.2058, p.321, b22-23）。

〔註70〕《俱舍論記》卷 9〈3 分別世品〉（CBETA, T41, No.1821, p.167, c20-22）。

　　無論世親是否有兩位，在探討經部思想時，重視的是《俱舍論》。而造《俱舍論》的世親時代亦眾說紛紜，印順認爲《俱舍論》主世親的時代，應大約在西元在四〇〇年至四八〇年間；呂澂則依《婆藪槃豆法師傳》記載世親爲笈多王朝後半期的人物，故推測約爲公元四二〇年到五百年。故《俱舍論》主世親的年代，大約再西元五世紀左右。

　　《俱舍論》與經部的關係，《俱舍光記》記載《俱舍論》之特色爲：

> 採六足之綱要備盡無遺，顯八蘊之妙門如觀掌內。雖述一切有義，時以經部正之。〔註71〕

《俱舍論》雖然主要是在闡述說一切有部的教理，但對有部教理不滿之處，世親是以經部之教理正之。

　　在《俱舍論》的時代，對迦旃延《發智論》的研究十分盛行，使「發智系」的論師與教理，變成說一切有部的正宗。接著《大毘婆沙論》的集成，更奠定了迦溼彌羅毘婆沙師的地位，迦溼彌羅毘婆沙師大力評破其他派別的教理，便引起了部分學者的反感。其後毘婆沙義逐漸廣爲流傳，削弱了迦溼彌羅的權威，而反對有部，學風自由的經部也就乘勢而起。在這樣的思想環境下，世親採取說一切有部義，對其不滿之處又以經部義正之，亦不足爲奇。

　　而印順法師認爲值得注意的，是在《大唐西域記》與《付法藏因緣傳》中皆有記載的論師如意（摩奴羅）。在《大唐西域記》中記載：

> 如意雖欲釋難，無聽鑒者。恥見眾辱，齧斷其舌，乃書誠告門人世親曰：「黨援之眾，無競大義；群迷之中，無辯正論。」言畢而死。
> 〔註72〕

在此世親爲如意之門人，而在《付法藏因緣傳》中記載的卻是：

> 尊者闍夜多臨當滅度，告一比丘名婆修槃陀：「汝今善聽，昔天人師於無量劫勤修苦行，爲上妙法，今已滿足利安眾生，我受囑累至心護持，今欲委汝當深憶念。」婆修槃陀白言受教，從是以後宣通經藏，以多聞力智慧辯才，如是功德而自莊嚴，善解一切修多羅義，分別宣說廣化眾生，所應作已便捨命行，次付比丘名摩奴羅。〔註73〕

〔註71〕 《俱舍論記》卷1〈1分別界品〉（CBETA, T41, No.1821, p.1, a15-17）。
〔註72〕 《大唐西域記》卷2（CBETA, T51,No.2087, p.880, c28-p.881, a2）。
〔註73〕 《付法藏因緣傳》卷6（CBETA, T50, No.2058, p.321, b22-29）。

文中「婆修槃陀」即為世親。在《付法藏因緣傳》中，傳法的順序是闇夜多付法給世親，世親付法給摩奴羅（如意）。印順法師即認為，如意是接在古世親與新世親之間的論師。而古世親與如意，皆是活動於建馱羅國的論師。故《俱舍論》主世親，雖從說一切有部出家，但受到建馱羅此地自由的學風影響，便容易接受亦較為自由的經部學說。

另外還值得探討的，是在《婆藪槃豆法師傳》中，所傳論師佛陀蜜多羅之事蹟。佛陀蜜多羅與外道論辯但是失敗，而《婆藪槃豆法師傳》中記載：

　　婆藪槃豆後還聞如此事，歎恨憤結，不得值之。遣人往頻闍訶山，

　　覓此外道欲折伏。其很慢以雪辱師之恥，外道身已成石，天親彌復

　　憤懣，即造七十真實論破外道所造僧伽論。〔註74〕

根據文中記載，佛陀蜜多羅為世親之師，而窺基在《成唯識論述記》中，亦言與外道論辯但失敗之論師，為「此非世親之師。世親認取為師。」〔註75〕，《成唯識論述記》雖未言明是哪位論師，但就內容上比對，與《婆藪槃豆法師傳》所傳一致，此論師即為佛陀蜜多羅。佛陀蜜多羅活動的地點，就是在經部盛行的阿瑜闍國。印順根據婆藪拔摩《四諦論》中所引之佛陀蜜多羅之思想，判斷其為經部師。〔註76〕

故《俱舍論》主世親，其思想有受到經部論師佛陀蜜多羅之思想影響。印順認為，說一切有部譬喻師、瑜伽師、經部，本來就是相當接近的。在當時的學術環境下，出現相互融攝的思想，是有可能的。故可以了解，佛陀蜜多羅在世親的經部思想上，有相當重要的影響。

因此，《俱舍論》與經部的確關係匪淺，故當代若欲研究經部思想，《俱舍論》確為瞭解世親時期經部重要教理的作品。

（四）眾賢《順正理論》與室利邏多、大德邏摩

世親造《俱舍論》，雖敘述說一切有部之教義，但在許多部分皆援用了經部之義。此舉引起了說一切有部論師眾賢之不滿，因而作出破《俱舍論》之作，共兩萬五千頌，名《順正理論》。《順正理論》批判了《俱舍論》援用經部教理以及批評《婆沙》的地方。但在批判的同時，亦對有部原始的教義有

〔註74〕《婆藪槃豆法師傳》卷1（CBETA, T50, No.2049, p.190, a24-28）。

〔註75〕《成唯識論述記》卷4（CBETA, T43, No.1830, p.379, b28）。

〔註76〕印順《說一切有部為主的論書與論師之研究》（新竹：正聞出版社，1968年）頁595～596。

所更動。故其雖爲維護有部教義而作，但在有部理論上已有改變，〔註 77〕故又稱爲「新有部」。

眾賢的年代，與世親相去不遠，在《婆藪盤豆法師傳》中記載：

> 此外道慚忿欲伏法師，遣人往天竺請僧伽跋陀羅法師，來阿緰闍國造論破俱舍論。此法師至即造兩論，一光三摩耶論有一萬偈，止述毘婆沙義，三摩耶譯爲義類。二隨實論有十二萬偈，救毘婆沙義破俱舍論，論成後呼天親更共面論決之，天親知其雖破不能壞俱舍義，不復將彼面共論決。〔註 78〕

僧伽跋陀羅法師即爲眾賢，而《隨實論》也就是《順正理論》。文中言《隨實論》有十二萬偈較目前所流傳之《順正理論》多了數倍，印順法師認爲此說過於誇大。〔註 79〕而在《大唐西域記》中，亦有記載眾賢不滿《俱舍論》，故作《俱舍雹論》破之，而世親避而不見，至眾賢過世，世親乃閱讀此書：

> 世親菩薩覽書閱論，沈吟久之，謂門人曰：「眾賢論師聰敏俊進，理雖不足，辭乃有餘。我今欲破眾賢之論，若指諸掌。顧以垂終之託，重其知難之辭，苟緣大義，存其宿志，況乎此論，發明我宗？」遂爲改題爲《順正理論》。〔註 80〕

對於世親改《俱舍雹論》爲《順正理論》一事，印順與呂澂皆認爲不足採信，其理由如下：

1、眾賢另外一本著作《阿毘達磨顯宗論》第一頌中，已自言：「已說論名順正理，樂思擇者所應學。」，〔註 81〕此時已有論名爲「順正理」之說。

2、印順再引《順正理論》之內文，曾多次提到「順正理」，如「況隨聖教，順正理人，可能忍受。」〔註 82〕、「況此順理，正顯聖言。」〔註 83〕等。

〔註 77〕 呂澂《印度佛學源流略論》（台北：大千出版社，2008 年四月二版一刷）頁 232～233 中認爲新有部對有部原來學說更動最主要之處爲「關於說一切有的說法」。

〔註 78〕 《婆藪槃豆法師傳》卷 1（CBETA, T50, No.2049, p.190, c2-9）。

〔註 79〕 印順《說一切有部爲主的論書與論師之研究》（新竹：正聞出版社，1968 年）頁 694～695。

〔註 80〕 《大唐西域記》卷 4（CBETA, T51, No.2087, p.892, a21-27）。

〔註 81〕 《阿毘達磨藏顯宗論》卷 1〈1 序品〉（CBETA, T29, No.1563, p.777, a13）。

〔註 82〕 《阿毘達磨順正理論》卷 25（CBETA, T29, No.1562, p.482, c13）。

〔註 83〕 《阿毘達磨順正理論》卷 51（CBETA, T29, No.1562, p.359, c7）。

〔註84〕雖非直說論名為「順正理」，但亦非全然未提。

雖然《大唐西域記》與《婆藪盤豆法師傳》皆有所誇大或不能盡信之處，但在這兩段記載中，可知眾賢與世親之時代相差無幾。而眾賢批判世親《俱舍論》中援引經部教理之處，則處處提到「上座」。而後代學者則認為，《順正理論》中的「上座」，指的是造經部根本毘婆沙的室利邏多。

室利邏多，又譯作勝受、童壽，在玄奘《大唐西域記》中記載：

> 髮、爪窣堵波北，伽藍餘趾，昔經部室利邏多（唐言勝受）論師於
> 此製造經部《毘婆沙論》。〔註85〕

相傳室利邏多造經部根本毘婆沙，可惜現已失傳，《成唯識論述記》中言：

> 室利邏多，造經部毘婆沙，正理所言上座是。〔註86〕

室利邏多所造之經部毘婆沙雖已失傳，而室利邏多之思想，散見於新有部論師眾賢所造的《順正理論》中。從《成唯識論述記》以及《光記》〔註87〕中的記載可知，《順正理論》中所言之「上座」，指的便是室利邏多。

室利邏多的時代，應與世親、眾賢同時而稍早。室利邏多即為《順正理論》中所言之「上座」。在《順正理論》中有許多關於「上座」之記載，如「但是上座，其年衰朽。」〔註88〕、「彼恒尋思麁淺異論，尚年已過，居衰耄時，豈能測量。」〔註89〕，從此處可知，在世親、眾賢的年代，室利邏多已為老年。而在《順正理論》中，尚引有室利邏多弟子大德邏摩之說，但引用次數十分少，由此可知《順正理論》對經部教理的批判，仍集中於上座室利邏多。

《順正理論》是採取批評的角度，對世親《俱舍論》以經部義改變有部義的部份做出強烈的批判，印順法師在《說一切有部為主的論書與論師之研究》中歸納出兩點結論如下：

> 1、世親 Vasubandhu 以阿毘達磨論者的身分，作『俱舍論』。世親說：
> 「迦溼彌羅 Kasmira 議理成，我多依彼釋對法」。是「多依」，而
> 不是「唯依」。或取西方師說，或取餘師說，或自立正義。眾賢

〔註84〕印順《說一切有部為主的論書與論師之研究》（新竹：正聞出版社，1968 年）頁 695～696。

〔註85〕《大唐西域記》卷 5（CBETA, T51, No.2087, p.896, b18-19）。

〔註86〕《成唯識論述記》卷 4（CBETA, T43, No.1830, p.358, a11-12）。

〔註87〕《俱舍論記》卷 9〈3 分別世品〉：「此是經部中室利羅多解，此名執勝，正理呼為上座」（CBETA, T41, No.1821, p.168, a8-10）。

〔註88〕《阿毘達磨順正理論》卷 19（CBETA, T29, No.1562, p.445, b6-7）。

〔註89〕《阿毘達磨順正理論》卷 20（CBETA, T29, No.1562, p.450, b16-17）。

> Samghabhadr 認爲不合阿毘達磨毘婆沙正義，一一的遮破而顯正
> 義。
>
> 2、世親隨順經部，所以眾賢遮破世親所說，更進一步，以「經部毘
> 婆沙論」作者——室利邏多 srirāta 爲主要對象，對經部作多方面
> 的破斥。〔註90〕

世親在造《俱舍論》之時，已經不全然使用有部之教理，甚至在許多地方，使用了與有部教理處於對立狀態的經部之義。也是眾賢《順正理論》最大力破斥之處。而在《順正理論》中，每每批判到經部之義，皆提到「上座」室利邏多。《順正理論》以室利邏多之思想作爲批判經部的主要對象，有兩種可能，一爲室利邏多是與眾賢同時期，代表經部的大師，故成爲眾賢批判的目標；二爲《順正理論》是爲破《俱舍》不合原始毘婆沙義，特別是援用經部之處。可能在《俱舍論》中使用的經部教義，與室利邏多有相當密切的關係。

在經部發展的過程中，從《異部宗輪論》中提到的說轉部、有部中持經的譬喻師、譬喻師鳩摩邏多、鳩摩邏多之弟子《成實論》主訶梨跋摩、造經部根本毘婆沙之室利邏多、室利邏多之弟子大德邏摩、未入大乘前，依經部義改造有部義造《俱舍論》的世親、以及持批判《俱舍論》立場，卻因此保留下室利邏多思想的眾賢，經部的發展有一段長遠的過程，也由此可見，經部之派別的分歧相當大。經部發展到後來因爲教理較於自由，漸漸融攝於大乘之中，但其發展仍是十分值得探討的。故若欲探討經部之教理，實不能一以論之。

二、經部思想變化的背景

在探討經部思想變化的背景前，必須先釐清經部的內涵。經部是從說一切有部中的譬喻師逐漸演變而來，此點並無爭議。但在《異部宗輪論》中所提到的「經量部」，是否爲後代所傳的「經部」，歷來便有數說，在前文探討《異部宗輪論》時已有說明。而根據印順法師的說法，《異部宗輪論》中的「經量部」，其實是以「鬱多羅」爲部主的「說轉部」。在世友作此書之時，尚未提到「經部」，而其中記載的教義，也與後代所傳經部相去甚遠。《異部宗輪論》中的說轉部，其出現時間爲佛滅四百年初，印順以阿育王在佛滅百十六年時登位推論，說轉部成立的時間，約爲西元前一世紀左右，相較於《婆沙》

〔註90〕印順《說一切有部爲主的論書與論師之研究》（新竹：正聞出版社，1968 年）
頁 697。

時期，約早了兩百年左右。故「說轉部」與經部是不能畫上等號的。

在《婆沙》之前，已有譬喻師的存在，「譬喻」本是一種弘法的方式，起初並不是自成一個派別，在《婆沙》中對「譬喻」的解說如下：

> 譬喻云何？謂諸經中所說種種眾多譬喻，如長譬喻大譬喻等，如大涅槃持律者說。〔註91〕

印順法師指出：

> 長譬喻，是『中阿含』長壽王故事；大譬喻，是『長阿含』（『大本緣經』）七佛的故事。「如大涅槃，持律者說」，是『說一切有部毘奈耶雜事』卷三五——三九，佛入大般涅槃的故事。

由此可見，「譬喻」最初在經典中較偏向文學與故事性。其後許多經典如《雜譬喻經》、《阿育王譬喻經》等，即以譬喻作為創作的方式。但首次大量記載「譬喻師」或「譬喻師」思想的典籍，就是《婆沙》。〔註92〕而阿毘達磨論者與譬喻師的演變，印順法師在《說一切有部為主的論書與論師之研究》一書中圖解如下：

說一切有部出自於佛滅後「論法者」的這一個系統，這也是學者呂澂所支持的論點，〔註94〕「論法者」也就是「受持經法，宣揚經法」的「持法者」一派，因為與經典有密切的關聯，故又出現「誦經者」與「論法者」的分歧。印順法師認為，「論法者」著重於教理的論究，從此分出「阿毘達磨者」，而「誦經者」則是以宣揚經義，使佛法普及為主，故又分出「譬喻師」。〔註95〕

由此可知在《婆沙》纂輯之前，已有譬喻師的存在，如法救、覺天等，都是有部中「頌持修多羅」的持經譬喻師。起初譬喻師仍屬於說一切有部，

〔註91〕《阿毘達磨大毘婆沙論》卷126（CBETA, T27, No.1545, p.660, a17-18）。
〔註92〕印順《說一切有部為主的論書與論師之研究》（新竹：正聞出版社，1968年）頁356～357。
〔註93〕印順《說一切有部為主的論書與論師之研究》（新竹：正聞出版社，1968年）頁362。
〔註94〕呂澂《印度佛學源流略論》（台北：大千出版社，2008年四月二版一刷）頁487。
〔註95〕印順《說一切有部為主的論書與論師之研究》（新竹：正聞出版社，1968年）頁363。

然而由於有部重視「論」，與隨順經典的譬喻師，逐漸出現了立場上的分歧。阿毘達磨論者，將阿毘達磨的權威集中於迦溼彌羅，可由人進入學習，但卻不許外傳。而持經的譬喻師以淺顯通俗的方式將佛法普及化。持經譬喻師因以弘法爲主，故其逐漸走向較爲自由的學風，並融攝當時在建馱羅地方的西方師之治學風格與思想，是很有可能的。〔註96〕

　　至於從說一切有部中的持經系譬喻師，到經部的成立，可以從「思想」和「地點」兩方面討論之。

　　（一）在「思想」方面看持經譬喻師到經部的成立

　　普光所造之《俱舍光記》中所記載的經部義，許多皆與「西方師」、「外國師」相合，印順在《說一切有部爲主的論書與論師之研究》整理出以下兩點：〔註97〕

　　1、與異說相合的經部思想

　　　　（1）與西方師相合的，如「但受三歸，即成近事」；「隨所期限，支具不具及全分一分，皆得不律儀，律儀亦然」；聚心散心等心品的定義。

　　　　（2）同於『大毘婆沙論』異說的，如十六行相，實事唯七。

　　　　（3）與瑜伽師所說相同的，如稱定境界色爲無見無對色。

　　經部的思想較爲自由，而這些思想相合的部份，更可看出經部對於西方師與反有部的新興思想的融合。

　　2、從說一切有部的三世實有說，到經部的「過未無體，現在實有」說。

　　譬喻師反對毘婆沙師，融攝了大眾系及分別說系的說法，故採取了「過未無體，現在實有」說。印順法師認爲：

　　　　深受說一切有部思想的譬喻師，在「現在有」的思想下，引發種子
　　　　熏習說，成爲經部譬喻師的特色。

因爲「過未無體，現在實有」的思想，而發展出了經部重要的概念──「種子熏習說」，與有部呈現徹底對立的狀態，最後甚至影響到大乘唯識學的發

───────────────

〔註96〕印順《說一切有部爲主的論書與論師之研究》中認爲，譬喻師教化的中心區就是建馱羅，而西方學系包含了建馱羅、西方師與外國師，其對於《發智論》所採取的態度是「研究而又修正他」。

〔註97〕印順《說一切有部爲主的論書與論師之研究》（新竹：正聞出版社，1968年）頁 545～546。

展。這就是譬喻師轉爲經部最大的分歧點。

（二）從「地點」方面看持經譬喻師到經部的成立

從地點的關係來說，與經部相關的重要論師鳩摩羅多與室利邏多的活動的區域如下：

1、經部本師鳩摩羅多，咀叉始羅人，晚年弘法之處於揭盤陀。經部的譬喻師，是從有部的譬喻師而來，故最初興起之地點應在有部最盛行的西北印。

2、造經部根本毘婆沙的室利邏多，迦溼彌羅人，但最後在東方的阿瑜陀國弘法。〔註98〕

3、相傳無著與世親造論與弘揚大乘之處亦在此。

西北印度本是有部最盛行之區域，經部前驅，如說一切有部的譬喻師覺天、法救等，仍屬於說一切有部，其發展與活動的範圍仍然在西北印度。此後月氏沒落、案達羅王朝覆滅，已至西元三世紀中左右。歷經王朝興衰，直到西元三二〇年，笈多王朝創立，以摩竭陀爲中心統一印度，直至五世紀中，印度文化重鎮逐漸東移，故肇始於西北印的經部，便逐漸向東發展，而獲得更自由的發展空間，成爲與有部相對立的一大派別。

經部在西元三、四世紀間，於印度東部蓬勃發展，在當時以反動者的立場與說一切有部並立，後世有學者（西藏的四部宗義論釋）將佛學區分爲四宗：婆沙、經部、瑜伽、中觀。〔註99〕由此可見經部的重要性。另外在中國魏晉南北朝時代，將採經部義的《成實論》與阿毘曇對舉，代表小乘的二大分流。〔註100〕但如此重要之派別，資料卻十分零散，傳說由室利邏多所造之《經部根本毘婆沙》亦未流傳下來。玄奘在《大唐西域記》中，雖有提及室利邏多造《經部根本毘婆沙》一事，《大唐三藏慈恩法師傳》亦記載玄奘學習經部之義，〔註101〕但是玄奘卻未將經部之作品傳譯至中國。在義淨《大唐西

〔註98〕《大唐西域記》卷5：「髮、爪窣堵波北，伽藍餘趾，昔經部室利邏多（唐言勝受）論師於此製造經部《毘婆沙論》。」（CBETA, T51, No.2087, p.896, b18-19）此所言室利邏多造經部毘婆沙之處，即爲阿瑜陀國。

〔註99〕呂澂《印度佛學源流略論》（台北：大千出版社，2008年四月二版一刷）頁486。

〔註100〕印順《說一切有部爲主的論書與論師之研究》（新竹：正聞出版社，1968年）頁604。

〔註101〕《大唐大慈恩寺三藏法師傳》卷2：「國有大德名闍耶毱多，善閑三藏。法師遂住一冬半春，就聽經部《毘婆沙》訖。」（CBETA, T50, No.2053, p.232, c9-11）。

域求法高僧傳》、《南海寄歸內法傳》中,更無經部之記載。玄奘席由時期爲西元六二七年至西元六四五年,也就是西元六世紀中,而義淨更晚,爲西元六七一年至西元六九五年,也就是西元六世紀末。從《大唐三藏慈恩法師傳》中之記載,或許可以推測當時《經部根本毘婆沙》尚存,但不知爲何玄奘未將其傳入中國。而義淨時期,未見其記載經部,或可推測當時經部已逐漸式微。經部從興盛到式微,所經歷的時間不過兩三百年左右。曾如此興盛的派別,最後沒落如此迅速,與經部本身學說的特質有關。

三、經部沒落的原因

在印順法師《說一切有部爲主的論書與論師之研究》中,將經部沒落的原因分爲三點:

(一)經部不在十八部之內

印順法師認爲,《異部宗輪論》中的經量部並不是經部,而是以「嚩多羅」爲部主的說轉部。而「經部是從說一切有部的譬喻師而轉化出來的。在部派中,興起極遲,沒有能成爲強有力的宗派。」〔註102〕爲何沒有成爲強而有力的宗派,理由以下幾點:

1、興起時間太晚

2、爲經部反對對象的有部,經由五百年來長時間的發展,早已根深柢固,經部雖然有其獨特之思想,但要迅速改變是十分困難的。

3、經部不重律制,形成僧團不易。

從經部發展的時間點上來看,興盛時期爲西元三、四世紀。而按《異部宗輪論》的說法,有部出現的時間是在佛滅後三百年初,若以《婆沙》成書時間爲有部最具代表性的時代,那麼有部興盛之時代,約在佛滅後六百年左右。有部發展的時間長,且有論師如迦旃延等造論,闡述有部之義,逐漸發展而匯成一具有組織性的學派。有部在西北印度影響甚深,勢力龐大。而經部發展時間較晚,剛好接於有部興盛時期,雖爲一股反動之力量,但對有部而言並不足以構成太大的影響,而經部本身立場又是從反對有部教理而來,這樣的立場也成爲經部長遠性的發展的阻礙。

〔註102〕印順《說一切有部爲主的論書與論師之研究》(新竹:正聞出版社,1968年) 頁606。

　　另外，在原始佛教與部派佛教中，由於僧團的形成有助於佛法的推廣，而律制對於僧團的發展有其必要性。對於越來越多的出家眾，為求組織化，在行為部分便必須統一管理，如行、住、坐、臥，穿衣、乞食，等等，皆須有所規範。而經部從西北印有部的發展範圍發跡，一直到東印以阿瑜陀國為主要區域的興盛發展，一直都是相當自由的。經部不重律制，也沒有嚴密的組織，故未能形成如有部般可長遠發展的派別。

（二）在教理方面有三個特色

1、思想的自由

印順法師認為經部的思想過於自由：

> 譬喻師從說一切有部脫出而成經部，主要為改取過未無體說，以反說一切有部的姿態而出現。一旦獨行其是，思想失去了堅定的傳統，所以都自以經部譬喻師自居，而內部思想過分自由，陷於極端的紛歧，缺乏統一性與固定性。〔註103〕

印順法師認為經部教理的基本立場，是為了反對有部而存在。只要是反對有部的說法，便冠予「經部師」之名。導致經部教理並沒有一個統一的方向，而每一位「經部師」的思想差異很大。這樣的紛歧，除了不能使教理系統化，亦容易散失。室利邏多雖為經部思想造毘婆沙，但並未流傳下來，在種種可能因素中，或許包含了在過於自由的經部思想中，《經部根本毘婆沙》對於經部思想本身的統合與權威性，不如《大毗婆沙論》之於有部。

2、學派的綜合性

在經部的思想特徵中，尚具有「綜合性」的特徵：

> 經部的自成一部，與說一切有部分離，實際也就是與其他部派相結合。然部派不一，在自由思想中，所綜合的部派，並不相同，而經部學也就不能一致。舉修行的現觀次第來說，那是要從親身體驗，師資傳承，逐漸形成的，不可能以推理的方式來編造。但經部本身，否定了（說一切有部的四諦十六心見法）傳統，那只能自由取捨他部，或自立門庭了。

印順法師認為，經部反對說一切有部，形成一部之學派，而其教義必須自立

〔註103〕印順《說一切有部為主的論書與論師之研究》（新竹：正聞出版社，1968年）頁606。

門戶，有一己之特色，然而由於經部學風自由，不同的論師將自己之學說結合他派的說法，形成不同的學說，如印順《說一切有部為主的論書與論師之研究》書中所舉之例，從「現觀的修行次第」上來說：

> 經部本身，否定了（說一切有部的四諦十六心見法）傳統，那只能自由取捨他部，或自立門庭了。世親 Vasubandhu《俱舍論》，仍宗說一切有部的十六心見法說；《四諦論》取（說一切有部的）觀四諦十六行相，而（說假部等）一心見道說；上座的《經部毘婆沙》，簡化阿毘達磨舊義，而立八心現觀說；《成實論》次第減三心，頓見減諦而入道說。經部師的修行次第，每人各立一說。

在同樣屬於經部，但不同的論師對於同樣的議題卻有不同的看法，歧異相當大。如此大的分歧導致經部的學說無法統一，自然的也就無法形成強而有力的派別，進而走向被大乘吸收轉化之路。

3、轉化於大乘

從以上兩點，可以了解經部思想的自由與綜合性質，不但不易使經部思想有組織性的發展，還容易使其思想為其他派別所吸收，而經部思想被大乘吸收，亦與其發展的時間點有關：

> 經部興起的時代，大乘空義已如日中天，瑜伽唯識學也接近成熟階段。在大乘佛學普遍發揚的時代，經部學不免轉化於大乘。如《成實論》的減三心而見減諦，形式上是「三藏實義」，而內在是接通了大乘空義。這所以《成實論》在中國，並非小乘，而有盛行南朝的「成論大乘師」（等到被判為小乘，也就沒有人宏揚了）。世親在《俱舍論》，嚴守聲聞學派的立場。而經部的「唯法因果，實無作用」，論義是密通瑜伽的。所以終以種子熏習，接受阿賴耶識（《成業論》），而世親轉以大乘唯識學為中心；《俱舍論反成為瑜伽學者附習的法門。

在經部興盛的西元三、四世紀，亦是大乘空宗發展的時代，從《般若》、《寶積》、《華嚴》等大乘經典的出現，到西元三世紀初，龍樹與大乘思想的發展，與經部發展的時間有部分的重疊。而其後在《俱舍論》中引經部思想正有部思想的世親，則是轉入了大乘瑜伽行派。經部是部派佛教發展史中較末出現的一派，接下來的印度佛教，逐漸轉向大乘，經部自由而綜合的思想，也隨著此潮流融於大乘之中。

許多經部的重要思想，爲唯識宗所用，並且有不同的發展。至於是哪些經部思想影響了唯識學，並爲唯識融合改造，在本章第三節會詳細討論之。

第三節　經部教理的基本立場

經部的立場爲反對說一切有部，並自說一切有部分化出，然而經部與有部分化的關鍵之處，筆者認爲是「三世有」與「現在有」的思想。

「三世」，梵語 trayo-dhvanah，巴利語 tayo addhā。「世」有遷流之意義。「三世」乃是指「過去世」（梵 atītādhvan）、「現在世」（梵 pratyutpannādhvā）與「未來世」（梵 anāgatādhvan）。

佛教的因果思想，是以「業」爲核心。若依原始佛教所說，有情因業報而在六道中輪迴，然而「諸行無常」、「諸法無我」，在佛教的思想中，認爲並沒有恆常不滅的存在。在這樣的思想中，因果業報理論就會產生疑問：在三世輪迴中，受業報者爲何？若沒有恆常不變的受報對象，那麼就不能說造業和受此業報的是同一個有情生命。若是有恆常不變的受報對象，那麼就違背了佛教的基本教理。在阿含經中，佛陀並沒有特別對這個議題做出解釋。佛滅後，爲了因應外道的質疑，各部派也對此做出不同的回應。而說一切有部最具代表性的說法，就是「三世實有」。

對於「三世實有」，婆沙四大家各有見解，在《大毘婆沙論》中記載：

> 說一切有部有四大論師，各別建立三世有異。謂尊者法救說類有異；尊者妙音說相有異；尊者世友說位有異；尊者覺天說待有異。〔註104〕

法救的主張是按「類」分，過去世、現在世、未來世的法體是一，只是「類」不同，如金子製作爲飾物、器皿，但本質上都是金子。妙音的主張是按「相」分，過去世、現在世、未來世的法體是一，但「相」不同，體相結合才能知道其屬於哪一世。世友的主張是以「位」分，三世的位置不同，所以才有過去世、現在世、未來世的差別，如數字「一」放在百位、千位，就有不同的意涵。覺天主張以「待」來分，「待」是「相望」、「相對」之意，如現在望過去，即爲「現在世」，按此說法，過去、現在、未來都是相對關係。此四說經後人評定，以法救爲定論。〔註105〕

〔註104〕《阿毘達磨大毘婆沙論》卷 77（CBETA, T27, No.1545, p.396, a13-16）。
〔註105〕呂澂《印度佛學源流略論》（台北：大千出版社，2008 年四月二版一刷）頁 97。

而印順法師的解讀是，有部的三世，是「依法體的現起引生自果作用，和作用的熄滅而分別的。」〔註106〕而生滅只是「作用」的起滅，而過去法、現在法、未來法都是實有，不因作用起滅而起滅。而法是「各住自性」的，並沒有什麼聯繫。

有部的補特伽羅，就是建立在「三世實有說」上。在《大毘婆沙論》中記載：

> 答我有二種：一者法我，二者補特伽羅我。善說法者，唯說實有法我，法性實有，如實見故不名惡見。〔註107〕

印順法師解釋為：

> 諸法實有的當體，是實法我，是真實有。在諸法（有情的身心）生起作用，和合相續上說，是可以假名為補特伽羅的。〔註108〕

有部的補特伽羅，便是建立在三世實有的基礎上。

而經部對「三世實有」持反對的立場，而主張「現在有」，也就是「過未無體，現在有體」。《順正理論》、《俱舍光記》對此點皆有記載，《順正理論》中言：「又譬喻宗，過未無體，如何可立親傳二因。」〔註109〕《順正理論》中並未明言經部，而是稱「譬喻宗」。而《光記》中亦云：「聲論經部，俱說過、未無體故。〔註110〕」兩本論書均未直接提及「過未無體」的內容。

事實上，「過未無體」並非經部獨創，據印順法師說法，在大眾部系甚至上座部系如分別說系中，已有「現在有」的看法，只是尚未成一部之宗義。〔註111〕「過未無體，現在有體」的意思是「過去世、未來世之法，非實有之體，只有現在之法，其體為實有。」印順法師之詮釋如下：

> 持經的譬喻師，承受了過未無體說。三世有者所說的過去有與未來有，轉化為存在於現在的內在。現在是不斷相續的剎那現實；在這剎那現實的底裏，存有前因所起，能生自果的功能。經部譬喻師的功能性，等於說轉部的根本（一味）蘊，但是無常的。說轉部以法體常住為本，現起的為相用；體與用的關係，是本體與現象。經部

〔註106〕印順《唯識學探源》（新竹：正聞出版社，2003年四月新版二刷）頁61。
〔註107〕《阿毘達磨大毘婆沙論》卷9（CBETA, T27, No.1545, p.41, a18-20）。
〔註108〕印順《唯識學探源》（新竹：正聞出版社，2003年四月新版二刷）頁62。
〔註109〕《阿毘達磨順正理論》卷25（CBETA, T29, No.1562, p.482, b20-21）。
〔註110〕《俱舍論記》卷9〈3分別世品〉（CBETA, T41, No.1821, p.170, a25-26）。
〔註111〕印順：《初期大乘佛教之起源與開展》（台北：正聞出版社，1981年五月）頁358。

> 譬喻師，以剎那的當前現實爲本，以功能性爲用，與說轉部恰好相
> 反。現行與功能的關係，如質與能。所以，現行與功能相轉化，成
> 爲徹底的無常論。〔註112〕

對經部師而言，過去、現在、未來不再是「法體恆有」，現在是「不斷相續的剎那」，而這不斷相續的剎那變化，是承接前因的果。印順法師認爲，這個相續的剎那，其功能其實就等同於《異部宗輪論》中記載「說轉部」的一味蘊，但是一味蘊是一個恆常不變的存在，而經部「剎那相續」的說法則是變化不已的。從「三世有」到「現在有」所延伸出來的相關問題有業力存續問題，若「現在有」主張剎那變化，那麼承受業報的對象爲何?從業力又可延伸出其他許多不同的問題，值得深入探討。

　　而世親的《俱舍論》，是經部與有部最直接交鋒的論書。《俱舍論》雖述有部之義，但是卻在許多地方以經部思想矯之。印順法師認爲《俱舍論》是「隨順經部，不屬經部」的，也就是在論究過去未來非實有，以及種子熏習的因果說，是隨順經部的，但是在許多地方如對於「處、界」以及「極微」皆有所不同。然而對於有部的無表色、不相應行法以及三無爲法，都依經部而一一評破。至於與《唯識二十論》最相關之處，便是糾正「三世實有說」的「現在有說」中的核心思想：「種子熏習說」。

第四節　《唯識二十論》與經部

　　本文研究的主要文本爲世親所造《唯識二十論》，《唯識二十論》全文共二十頌，世親並爲之作論，以破爲立，破除外道如勝論、數論派，及其他小乘部派如說一切有部、大眾部、犢子部的思想，其中也包含本文所欲探討的主題——經部。世親本出入於部派，後進入大乘，成爲唯識宗的代表人物，就本文前所述，世親實爲經部與唯識宗之間的重要人物。欲了解「經部」與「唯識」之間思想的淵源，筆者認爲可從《唯識二十論》中，世親站在唯識立場，對經部觀點提出批判的幾個問題點入手。故本節將從以下幾個部份探討：一、《唯識二十論》之背景；二、《唯識二十論》的內容架構；三、《唯識二十論》中批判經部的問題點。

〔註112〕印順《說一切有部爲主的論書與論師之研究》（新竹：正聞出版社，1968年）頁 549。

一、《唯識二十論》之背景

《唯識二十論》之梵文名稱爲 Viｊśatikā vijñapti-mātratā-siddhih，全一卷，爲世親菩薩所造，唐代玄奘法師譯。其異名又作《二十唯識論》、《摧破邪山論》。

本論引用《十地經》中「三界唯心」之句，論證外境爲內識顯現，以闡述唯識無境之義，並一此爲基本立場，破斥小乘、外道對「外境爲實有」之執著。

本論共有二十頌，世親本身便爲此頌文作論，但論文十分簡短。本論在第一頌即直接說明「三界唯識」之主旨，其次針對小乘、外道之詰難加以辯駁，並加以批判，以證成「萬法唯識」之理，可說是「以破爲立」之作。

《唯識二十論》還有另外兩個譯本：陳・眞諦所譯《大乘唯識論》一卷、北魏菩提流支《大乘楞伽經唯識論》一卷。此三個譯本中，菩提流支之譯本，文多頌少，由二十三頌所成；眞諦之譯本，文少頌多，有二十四頌；玄奘所譯本，文頌平均，爲二十一頌所成。

《唯識二十論》之注釋書不少。在印度，有以世親之弟子瞿波論師爲首的十多家注釋，其中以護法所造《成唯識寶生論》五卷較爲有名；而在中國，則是有唐・窺基所撰《二十唯識論述記》二卷以及新羅圓測之《唯識二十論疏》二卷等。

在窺基《唯識二十論述記》中，認爲世親造此論的原因爲：

> 後辨造論所由者，然此無文，准餘論說，令法久住，利益有情，故造論也。或爲令知第三時教，契會中道，造斯論焉。或執外境如心是有，如薩婆多師等，或執內心如境是無，如空見外道等。或執諸識用別體同，如一類菩薩等。或執離心無別心所，如經部等。或執獄卒等，是實有情，如大眾部等。或說獄卒等，非實有情，業生大種，大種相異，如薩婆多等。或說獄卒等，雖非有情，然熏習所起，非是識變，如經部等。或執外境體是一物，如吠世師等。或執境多念，心唯一刹那，如正量部等。或執極微，有相資相，爲五識境，如眾賢師等。此等論師，皆由邪知無知二種，於義不了，遂於二果覆障不證。今爲遮此種種異執，令於唯識深妙理中，得如實解，故作斯論。〔註113〕

從《述記》可知，世親欲以破外道與其他部派思想的方式，建立「唯識之妙理」，故造《唯識二十論》。而《述記》亦將《唯識二十論》中世親所破斥的

〔註113〕《唯識二十論述記》卷1（CBETA, T43, No.1834, p.979, b18-c4）。

思想一一點出，經整理約可歸類出以下幾點：

　　1、境之「有」與「無」

　　2、對於「識」的思想

　　3、獄卒爲實有情或非實有情

　　4、境與極微之關連

以上幾個主題，都與《唯識二十論》所揭發的重要主旨「唯識無境」說有重要的關連。境之「有」與「無」，如外道與其他部派，都承認「外境實有」，此便異於唯識「萬法唯識」的基本立場，其後延伸出唯識批判其他部派對於「識」的看法，以及以對「獄卒爲實有情或非實有情的討論」，其背後潛在之「外境是如何產生」的看法，與外道及部派皆默許，但爲唯識家所排斥的「極微」。唯識家經由破斥異說，建立「唯識無境」的合理性，世親《唯識二十論》的目的，就在「以破爲立」，而非創造唯識思想之體系。故在《唯識二十論》中，最能展現唯識思想與其他派別針鋒相對的問題之所在。

二、《唯識二十論》的內容架構

　　世親在建立唯識思想方面，有兩本重要的著作：《唯識二十論》、《唯識三十頌》。《唯識二十論》以破爲立，以破除當時不同於唯識之異說，確立了「唯識無境」的思想。但是對於「唯識無境」理論，到《唯識三十頌》時，才有較詳細的論述。

　　《唯識二十論》的內容，是唯識家以「唯識無境」爲立論基礎，並回應外道及佛教其他部派對於此觀點之詰難，雙方的爭論內容，按照頌文可分爲七難：一、四事不成難；二、外人現量難；三、夢境不同難；四、二識決定難；五、夢境業果不同難；六、殺業不成難；七、他心智難。

　　其中第一難「四事不成難」，是外道與其他部派對於唯識家提出「唯識無境」觀點後最直接的質疑。唯識家的「唯識無境說」，認爲外境非實有，而是唯識所現。詰難者提出四點質疑，也就是第一頌的頌文：

　　　　若識無實境，即處時決定，相續不決定，作用不應成。〔註114〕（《唯識二十論》第一頌）

詰難者提出若識無實境，那麼就經驗上來說，「同時才能見同一物」、「同處才

〔註114〕《唯識二十論》卷1（CBETA, T31, No.1590, p.74, c3-4）。

能同見一物」、「外境由多人共見，不能由一人所見」、「外境對眾生所產生的作用」都是不能成立的。若境如唯識家所言是「內識生時，似外境現」，那麼刀劍毒藥飲食等，對人都是沒有真實作用的。〔註115〕對於這樣的質疑，世親在《二十論》中以第二頌駁之：

> 處時定如夢，身不定如鬼。同見膿河等，如夢損有成。〔註116〕（《唯
> 識二十論》第二頌）

即言在夢中亦有固定之時間與場所；對於相續不決定，頌文答曰如同鬼道，同生一趣有其共業，故所見亦同，生於不同道所見就不同，如一條河，鬼見為膿河，魚見為宅窟，人見為一般河流；對於作用，頌文答曰夢境是有作用的，如夢中男女交合，亦會損失精液。〔註117〕

在第三頌中，世親舉地獄與獄卒為例，總結此論題：

> 一切如地獄，同見獄卒等，能為逼害事，故四義皆成。〔註118〕（《唯
> 識二十論》第三頌）

世親之夢喻是為了破除詰難者之問難，而地獄與獄卒說，則是直接就正面舉例，證實在一切唯識所變現的狀況下，同時、處見同一物、相續同見一物以及會產生作用這四點是可以成立的。但由於獄卒本身在六道之中的定位較為模糊，在部派佛教中，便引起獄卒是有情數或非有情數的爭論。再者，世親以獄卒作為「唯識無境，四義得成」的例子，若不能破除其他派別對於「獄卒為實有」的異說，那麼此證也難以服眾。而各派對於獄卒是否為有情數的主張，均含有其本身的理論基礎，而在《唯識二十論》中第四頌到第六頌，便是對於與其他派別獄卒說之詰難與批判。

在第六頌頌文的最後，唯識家反問詰難者，為何執非熏習之處為生果處？詰難者引聖教，認為若按唯識家萬法唯識所現的理論，那麼世尊便不應說有「色等處」，既世尊已明言有色等處，那麼唯識家不承認識外有實境，便是違反了聖教量。唯識家於第七頌中，認為世尊言有色等處，是為了渡化有情的

〔註115〕窺基在《唯識二十論述記》中提及對於第四難「作用不決定」，經部又提出了三個具體之難，一為「復有何因諸眩翳者所見髮等。無髮等用。」，二為「夢中所得飲食刀杖毒藥衣等無飲等用。」，三為「尋香城等無城等用。」

〔註116〕《唯識二十論》卷1（CBETA, T31, No.1590, p.74, c15-16）。

〔註117〕在彭景輝〈夢喻的探究——以《唯識二十論》為探討對象〉中，以亞里斯多德三段論式分析世親的論點，認為世親之反駁雖符合三段論式，但卻是應用了詭辯的技巧，並非事實的真理。（華嚴專宗學院佛學研究論文集）。

〔註118〕《唯識二十論》卷1（CBETA, T31, No.1590, p.75, a1-2）。

權便之說，是爲了破除有情執著於實我所設的「密意說」。而在第八頌中，說明了唯識家認爲世尊眞正的意思，是認爲內外十處是「識從自種生，似境相而轉。」。故世尊說色等處，並非眞認爲有離識實有的境。並在第九頌中明言世尊如此之密意趣，是爲了破有情眾生所執的「人有」與「法有」，揭示「人無我」及「法無我」之深意。

在第九頌的論文最後，詰難者提出：

> 復，云何知佛依如是密意趣，說有色等處，非別實有色等外法，爲色等識各別境耶？（《唯識二十論》第九頌長行）

既然世尊爲了破除有情對實我執著，以分析之方式讓有情瞭解「我」並不是一個不變眞實恆常的存在的個體，「色等十處」乃是爲渡化充滿「我執」之有情的權宜說法。那麼詰難者又提出如上引文中之質問，繼續追問唯識家是如何知道「佛說色等十」爲「密意趣」，而非有眞實外境的存在。

唯識家在此並沒有引經據典，正面回答「如何得知」，而是採「以破爲立」實恆常的存在，執極微爲實有，與唯識家認爲萬法唯識所現的教理是相牴觸的。故在《唯識二十論》中的第十頌到第十三頌中，唯識家站在「萬法爲識所現」的立場，破斥部派認爲外境由極微所組成的理論。由極微本身之不成立，進而證實「外境非實有」之中心思想。而第十四頌，則是破詰難者之質疑：

> 一應無次行，俱時至未至。及多有間事，并難見細物。〔註119〕（《唯識二十論》第十四頌頌文）

詰難者認爲唯識家雖破極微，但外境如眼等境相與青等仍爲實有。唯識家則應之「青等實性」到底是「一」還是「多」呢？若是一，那麼萬物應無間隙，若是多，那麼其過失就如同「多極微說」之失，以爲前頌所破。

第十頌到第十四頌的主題，爲唯識家破斥「外境是由極微所成說」，藉由提出「極微說」的矛盾，破斥其他部派與外道認爲「外境爲實有」的觀念，以成「萬法唯識」之義。

而第十五頌到第十六頌上半頌，則是破斥詰難者認爲「現量境爲實有」的觀念。

> 現覺如夢等，已起現覺時。見及境已無，寧許有現量。〔註120〕（《唯識二十論》第十五頌頌文）

〔註119〕《唯識二十論》卷1（CBETA, T31, No.1590, p.76, b2-3）。
〔註120〕《唯識二十論》卷1（CBETA, T31, No.1590, p.76, b18-19）。

詰難者認爲外境是否爲實有，應從「現量」來判斷。現量就是感覺，是尚未加入，分別、思考、推測等作用，單純以直覺去量知色等外境諸法。若外境非實有，那麼又如何有「現量智」的存在？「現量智」便沒有量知的對象了。唯識家認爲現量只存於前五識，而生起「我見此物」之想法，則已落到第六識的「比量」。我們所見的外境只是第六識直取了前五識緣境之影做出分別。此分別爲虛妄，故並沒有實在的外境。並在第十六頌上半頌言：

　　如說似境識，從此生憶念。〔註121〕（《唯識二十論》第十六頌頌文
　　上半）

世親於此再次聲明：「內識生時，似外境現。」的思想。五識所緣的外境，是由內識所現，並非實有，在此又回到了唯識家「萬法唯識」的宗義。

　　至於第十六頌下半頌則是就第十五頌的「現覺如夢等」，說明以夢相喻的合理性。第十七頌，則是回應詰難者之詰問：

　　彼諸有情，近善惡友聞正邪法，二識決定，既無友教此云何成？
　　〔註122〕（《唯識二十論》第十六頌頌文長行）

詰難者認爲引起有情善惡之識的，乃是從外接觸到善知識與惡知識，若無實境，此「善惡之識」要如何生起？第十七頌上半頌答：展轉增上力，二識成決定。〔註123〕（《唯識二十論》第十七頌頌文上半頌）

　　有情所緣的境界，都是由自己之識所現，但除了己識，亦有他識，而所謂的善知識與惡知識，也就是他識對己識所產生的增上力。故仍不能說外境爲實。

　　第十七頌下半頌主要在解釋「爲何作夢不需受果」，而現境造業則須受果；第十八頌、十九頌答「若無實境，則不應有殺業」；第二十頌破斥「因爲有『他心智』，故有『他心』存在，既有『他心』，怎可說外境非實有。」

　　由以上所列出之《唯識二十論》的架構可知，執「境爲實有」的其他部派與外道，提出種種可以證明「境爲實有」的理論詰難唯識家，而唯識家則舉出其矛盾或不合理之處一一破斥，以證成「唯識無境」之理。然而筆者認爲事實上，《唯識二十論》中「唯識無境」的問題癥結點可歸納爲三：

　　1.「外境」的如何形成
　　2.「業論」的問題

〔註121〕《唯識二十論》卷1（CBETA, T31, No.1590, p.76, b29）。
〔註122〕《唯識二十論》卷1（CBETA, T31, No.1590, p.76, c15-17）。
〔註123〕《唯識二十論》卷1（CBETA, T31, No.1590, p.76, c18）。

3.「認識論」的問題

若主張「唯識無境」，那麼勢必要先面對在經驗上，有情存在的世間的確是可以實際接觸，而非虛幻的問題。故《唯識二十論》中，唯識家首先必須破除詰難者關於外境為實有的基本理論——「極微」本身的性質，以及極微是如何形成外境。而處於世間的有情如何形成則是與「業論」有關。另外若外境非實有，那麼有情如何「認識」外境？這便牽涉到部派與唯識家，對於「認識論」的思想。而「認識論」又包含了「心、意、識」結構與「現量」的思想。故筆者認為要分析《唯識二十論》的內容，可從此三大方向著手。

三、《唯識二十論》中批判經部的問題點

本文研究的重點，是「《唯識二十論》對經部的批判與繼承」，故必須從《唯識二十論》中，整理出世親批評的思想中，何者為「經部」的思想。但是在《唯識二十論》的頌文與長行中，多未言明其批判的思想出自何派，關於經部的部分亦是如此。目前只能從唐·窺基《唯識二十論述記》的分判中得知。故本節將整理出窺基在《唯識二十論述記》中的分判，以及近代學者對於此分判的看法。

（一）《唯識二十論》中「獄卒是否為有情數」之論諍

如前文所述，由於獄卒本身在六道之中的定位較為模糊，在部派佛教中，引起了獄卒是有情數或非有情數的論諍。在《唯識二十論》中詰難者所提出了各派獄卒說，而《唯識二十論》第六頌：

業熏習餘處，執餘處有果。所熏識有果，不許有何因？〔註124〕（《唯識二十論》第六頌頌文）

「業熏習餘處，執於處有果」是指業熏習之處與生果之處不同，窺基在此頌之前即言「自下經部為伏救義。」〔註125〕第四頌大眾、犢子部的「獄卒為傍生說」被破後，詰難者轉而為以「業增上力生異大種說」為轉救：

若爾應許彼那落迦業增上力生異大種，起勝形顯量力差別，於彼施設獄卒等名。為生彼怖，變現種種動手足等差別作用。〔註126〕（《唯識二十論》第四頌長行）

〔註124〕《唯識二十論》卷1（CBETA, T31, No.1590, p.75, b2-3）。
〔註125〕《唯識二十論述記》卷1（CBETA, T43, No.1834, p.989, a16）。
〔註126〕《唯識二十論》卷1（CBETA, T31, No.1590, p.75, a21-25）。

在窺基《述記》中,記載此爲薩婆多部(說一切有部)的說法。〔註127〕此說認爲,獄卒是由地獄有情之業增上力,招感了異大種,並在異大種上生出種種力量與形體之殊勝相。爲了要地獄有情感到怖懼,故外貌上有許多不同的變化,令受罪者受到逼害與折磨。

對於此說,世親以第五頌之頌文及長行辯駁之:若許由業力,有異大種生。起如是轉變,於識何不許。〔註128〕(《唯識二十論》第四頌頌文)

在第三頌長行的最後,世親言「非事全無,然不應理。」世親肯定業因業果說,但駁斥業力招引了異大種。就唯識家的立場而言,是不承認有離識實有的存在。以唯識家認爲最圓滿的立場——一切法「唯識所現」——來衡量業力生異大種說,當然會生起質疑:既已說出業力爲因,爲何不進一步承認獄卒由識所變現?

唯識家破除業增上力生異大種說後,詰問者才提出第六頌頌文中的「業熏習說」作爲轉救,窺基在《述記》中,記載此爲經部的說法。李潤生《唯識二十論導讀》亦按窺基之說法,認爲第六頌中的「業熏習說」爲經部之思想,另又說明第七頌爲唯識家反駁經部「謂若唯識,是色等現,無別色等,佛不應說有色等處。」

日本學者山口益與野澤靜證所譯之《世親唯識的原典解明》,將世親典籍《唯識二十論》、《唯識三十頌》、及陳那《觀所緣論》之藏譯翻爲日譯之譯本。其中山口益在《唯識二十論的原典解釋——調伏天造「唯識二十論釋疏」譯解》的序言中,將《唯識二十論》中二十句偈文按藏譯之內容分爲十二個主題,其中的第四點,便是認爲第六、七偈是說明在「異熟所感」方面,經量部對外境的會通及對其之批判。

在此部份,唯識家與論諍的焦點透過「獄卒是否爲實有情」的論諍,牽涉到經部認爲「獄卒」是如何產生的,以及獄卒的性質,這些內容皆與經部的「業論」與「種習論」有重要的關連。

(二)《唯識二十論》中對「極微說」的論諍

《唯識二十論》中詰難者以外道及其他部派皆承認的「極微說」,說明「外境由極微所組成,故爲實有」,但不同派別對於「極微」組成物質的方式說法

〔註127〕《唯識二十論述記》卷1:「論:若爾應許彼那落迦業增上力生異大種,述曰:自下第二,破薩婆多等諸師救義。」(CBETA, T43, No.1834, p.988, b17-18)。
〔註128〕《唯識二十論》卷1(CBETA, T31, No.1590, p.75, a27-28)。

皆不同。世親即根據這些說法的不合理，以及「極微」本身性質上的矛盾，予以一一反駁。

《唯識二十論》第十頌的長行中，說明「執多極微者」所執的極微理論有三種：

> 如執實有眾多極微各別爲境，或應多極微和合及和集。如執實有眾
> 多極微皆共和合、和集爲境。(《唯識二十論》第十頌長行)〔註129〕

在世親的長行中，並未明言這三種說法屬於那些部派。而唐‧窺基的《唯識二十論述記》中，則說明：

> 頌曰：以彼境非一，亦非多極微，又非和合等，極微不成故。述曰：
> 自下第二，論主正破，合有五頌。於中有三，初之一頌，合破小乘
> 外道二種。次有三頌，正破小乘，後有一頌，正破外道，設破小乘。
> 此即初也。就初頌中，第一句破外道，下三句破小乘。破小乘中，
> 第一句，破古薩婆多毘婆沙師，下二句，破經部及新薩婆多順正理
> 師。〔註130〕

據前所引《二十論》第十頌的頌文中之「亦非多極微」，在窺基的記載中是古薩婆多部中毘婆沙師的看法。長行中對「多極微」的說明，是指「五識可緣爲一一的極微」，此外並未再多做詳細的解釋。窺基在《述記》中則是有以下的詮釋：

> 此師意説：如色處等，體是多法，爲眼識境，所以者何？其一一極
> 微，體是實有，合成阿耨，阿耨是假，故此以上皆非實有。五識既
> 緣實法爲境故，不緣於阿耨以上和合假色。故色處等，爲眼識等境
> 時，其實極微，一一各別，爲眼識等境，不緣假故，以有實體能生
> 識故。〔註131〕

據窺基的解説，毘婆沙師的理論有兩個重點：

（1）爲認爲極微本身的性質是實有的、物質性的

（2）五識所緣必需是實法。

依以上兩個重要前提推論，極微聚集而成的阿耨色是假法，那麼比阿耨色更粗的色法，必然也是假法。既然識只能緣實境，那麼假法自然不爲五識

〔註129〕《唯識二十論》卷1（CBETA, T31, No.1590, p.75, c20-21）。
〔註130〕《唯識二十論述記》卷2（CBETA, T43, No.1834, p.992, a21-28）。
〔註131〕《唯識二十論述記》卷2（CBETA, T43, No.1834, p.992, c9-15）。

所緣，五識所緣的，便是眞實存在、一一個別的極微。

世親對於古薩婆多毘婆沙師的「五識可緣一一極微」之說的批判，在第十頌長行中，言：

> 理亦非多，極微各別不可取故。〔註132〕

此處唯識家的立場，反對毘婆沙師「一一個別之極微能爲五識所緣」這樣的說法。

另外，在有部重要論典《婆沙》中，記載極微的性質爲：

> 問彼極微量復云何知？答應知極微是最細色，不可斷截破壞貫穿，不可取捨乘履搏掣。非長非短、非方非圓、非正不正、非高非下、無有細分不可分析。不可觀見、不可聽聞、不可嗅嘗、不可摩觸。故說極微，是最細色。此七極微成一微塵，是眼眼識所取色中最微細者。此唯三種眼見：一天眼，二轉輪王眼，三住後有菩薩眼。〔註133〕

極微是眞實存在的色法，是色法中分析到最微小之單位。這樣的最細色，其形體不明、不可分析、且眼、耳、鼻、舌、身對極微皆無法起作用。只有七極微所組成之微塵，才是眼識所能取色中單位最小的。

而在陳那《觀所緣緣論》中，對於此說的批判如下：

> 極微於五識，設緣非所緣，彼相識無故，猶如眼根等。〔註134〕

李潤生《唯識二十論導讀》中對「所緣緣」的解釋爲：

> 識的對境各爲「所緣緣」；「所緣」必須具備「緣」及「所緣」兩義，然後可以爲眼等識所攀緣。「緣」是指「實法」，可以（作「增上緣」）助識生起；「所緣」指在能緣識上，可以帶彼境相而起的法。〔註135〕

「緣」爲外在對象，「所緣」爲被五識所認知的對象，「設緣非所緣」之義，是說極微如果是作爲一個外在對象，也不能被五識所認知。若按照古毘婆沙師所言，那麼一一極微是實法，具備了「緣」義，能夠助識生起。但是一一極微卻不能爲五識所緣，在此陳那舉的例子是「眼根等」。因爲眼根、耳根、鼻根、舌根、身根，都是一一極微所聚合成的粗色，但卻無法爲眼耳鼻舌身

〔註132〕《唯識二十論》卷1（CBETA, T31, No.1590, p.75, c23-24）。
〔註133〕《阿毘達磨大毘婆沙論》卷136（CBETA, T27, No.1545, p.702, a4-11）。
〔註134〕《觀所緣緣論》卷1（CBETA, T31, No.1624, p.888, b10-11）。
〔註135〕李潤生《唯識二十論導讀》（台北：全佛出版社，1999.01）頁167。

識所緣，逆推之，既然由極微所成的眼根等，是不能爲五識所緣，那麼由極微所組成的外境也不能爲五識所緣。

世親在《唯識二十論》第十頌的頌文中設詰問者又提出與有部相反的說法：「又非和合等」，此說在窺基的記載中認爲「經部」的看法。第十頌長行中，世親並沒有對何謂「和合」做出解釋，只能知道應是眾多極微一種聚合的方式。李潤生《唯識二十論導讀》中，參考窺基的說法，亦認爲第十頌頌文破經部「極微和合」與順正理師「極微和集」說。山口益在《唯識二十論的原典解釋──調伏天造「唯識二十論釋疏」譯解》的序言，將《唯識二十論》所分判的十二個主題中，第八、九、十偈爲「對於經量部有外境說，唯識說的攝歸」。

透過唯識家對經部「極微說」的批評，可以了解經部對於「色法」的看法，以及「極微說」的缺陷。部派接受了印度傳統思想中的「極微」，並用以解釋色法分析到最後的最小單位，以應對外道對於「諸行無常」、「諸法無我」的教義下，有情世間的一切色法如何存在的質疑。至於經部的「極微說」以及唯識家對其之批判，將留待後文詳述。

（三）《唯識二十論》中對「現量」的論諍

在《唯識二十論》中，世親以第十五頌及第十六頌上半頌破其他部派「執現量境爲實有」的思想。窺基《述記》釋第十五頌頌文：

> 述曰：第一句述正理，顯難外境實有不成，下三句破外宗。明無現覺，成無外境，然舊論本，遂分二段，前後別明。其此頌中，初句易解，至下當知。上一句引喻破經部，下三句中，略破二類。初破正量部等，非刹那論；後破一切有等。〔註136〕

《述記》言第十五頌頌文首句「現覺如夢等」，直接回應其他部派質疑「既有現量可對之境，那麼境怎可說是非實有」。頌文首句說明現覺就如同夢境一般，在夢境中，也有現覺，但夢境卻並非實有之境，故「現覺」不能證實外境是否爲實有。而第十五頌的後三句「已起現覺時。見及境已無，寧許有現量。」是破正量部的「非刹那論」與說一切有部的「刹那論」，而初句是破「經部」。但不管在本頌的論文中或是在《述記》中，都未再說明此句與經部的關係。

但在第十五頌的論文中言：

〔註136〕《唯識二十論述記》卷2（CBETA, T43, No.1834, p.999, b21-c2）。

又若爾時有此現覺，我今現證如是色等，爾時於境能見已無，要在意識能分別故，時眼等識必已謝故。〔註137〕（《唯識二十論》第十五頌長行）

前文已述，唯識家認爲現量只存於前五識，而生起「我見此物」之想法，則已落到第六識的「比量」。我們所見的外境只是第六識直取了前五識緣境之影做出分別。而經部對於六識與外境認識的關係，與唯識則是大相逕庭。雖然如此，但第十五頌首句與經部認識論的關係，則需要再深入釐清。

經部發展的時期在部派發展中是比較晚的，綜合前面對於「經部」內涵的探討，可以知道經部的思想以反對有部爲基本立場，較自由的展開。而本文以世親《唯識二十論》爲研究底本，探討《唯識二十論》中對經部學說的批判與繼承，在第二章中，整理了經部的發展與《唯識二十論》中批判經部的問題點，而在第三章中，則要繼續探討《唯識二十論》批判的經部思想，其原始面貌爲何？故第三章將針對經部的「業論」、「熏習說」、「極微說」等《二十論》中批判的思想，作進一步的還原。

〔註137〕《唯識二十論》卷1（CBETA, T31, No.1590, p.76, b22-24）。

第三章　《唯識二十論》中的經部

第一節　經部的「種習論」與「業論」

　　如前章所述，在《唯識二十論》中第一個提到「經部」思想的並與以批判的部份，是第三、四、五、六頌中所探討的「獄卒是否爲實有情」的這個主題。在第六頌的頌文與長行中，詰難者以經部認爲「獄卒爲實有情」的看法爲立場，反對唯識家所說的「獄卒並非實有情」。本節將就這個主題，梳理《唯識二十論》所引用的經部對於「獄卒爲實有情」的說法，並探討經部此說法背後的理論基礎。

一、經部「種習論」

　　（一）《唯識二十論》中的「經部種習論」

　　《唯識二十論》中，在第三、四、五、六頌的部份，探討了「獄卒是否爲實有情」這個論題，探討這個論題的原因，在第二章已有說明，故本節不再詳述。本節將就直接探究引述經部思想的第六頌頌文及長行。

　　《唯識二十論》中，世親在陳述經部對於「獄卒是否爲實有情」的論點時，並未如先前批判其他異說般，在長行中直接點出理論，而是由反面的批判說起。此批判出現在第六頌的頌文及長行：

　　　　業熏習餘處，執餘處有果。所熏識有果，不許有何因？論曰：執那
　　　　落迦由自業力生差別大種，起形等轉變，彼業熏習理，應許在識相
　　　　續中，不在餘處。有熏習識，汝便不許有果轉變，無熏習處翻執有

-69-

果。〔註1〕（《唯識二十論》第六頌及長行）

詰難者以此爲難，是因爲以唯識學「萬法爲識所現」的角度而言，並不贊同業力感生異大種這個觀點。而業熏習說與唯識學之業熏習種子說十分接近，故詰難者以此爲救。世親在長行中批判，獄卒是由業力招引差別大種，在差別大種上有形貌與力量等種種轉變；其次又提到「熏習理論」。這一派雖已提倡熏習理論，但與唯識學尚有一段距離。頌文中主要對此派批評之處，是在「熏習與果生起處不同」。世親站在唯識家的立場，認爲此派既已有熏習說，爲何不承認在識熏處有果生起？

從世親的頌文和長行來看，筆者認爲可以整理出兩個世親沒有說明清楚的問題：

（1）有部與經部說的差別

此說也是執獄卒爲「業力生差別大種」後「起形等轉變」，此部分與「業增上力生異大種說」有何差別，世親在《唯識二十論》中，並未作出解釋。

（2）經部的熏習理論內容

長行中提到熏習說，並批判了此難的熏習理論不在識相續處而在餘處。但並未說明「餘處」與頌文中所提到的「餘處」內涵爲何。且就整個文義脈絡而言，世親批判此派的最終質疑爲「熏習和果生起處不同」及「熏習處不在識相續處」，但並未明言這個唯識家認爲有缺陷的熏習理論較詳細的內容，以及此熏習說與唯識學種子熏習說的關聯。

在近代學者如李潤生、于凌波在詮釋關於《二十論》這部份的問題時，基本上皆是本於窺基《唯識二十論述記》的說法。

窺基在《述記》中，對於第一個問題的解釋，認爲：

> 述曰：此牒彼義，其經部等，與薩婆多同。形等者，等顯等，轉變者，作用也。〔註2〕

窺基認爲有部的「業增上力生異大種」，與經部「業力生差別大種起形等轉變」這兩個說法是相同的，都是業力招感了異大種，在異大種之上又有種種形象變化之作用。按窺基的說法，經部此點與有部相同，那麼世親早已批評過有部。故由此推測世親批評經部的重點，應是經部的業熏習理論。

對於第二個問題，在第六頌的頌文和長行中，出現了三個「餘處」，筆者認

〔註1〕 《唯識二十論》卷1（CBETA, T31, No.1590, p.75, b2-7）。

〔註2〕 《唯識二十論述記》卷1（CBETA, T43, No.1834, p.989, b6-7）。

為須先辨明這三個「餘處」的意義，方能理解世親批判經部業熏習理論的重點。

對於第六頌頌文的解說，窺基認為：

> 謂造業時，熏在識中或色根等中。果起之時，不在識內。斯業熏識，
> 望果異故，名為餘處。執餘處有果者。果者在識等外。與業熏習處
> 所異故。故言汝執餘處有果。〔註3〕

按窺基的解釋，「熏在識中」的識，因經部並不承認第七識與第八識，故此「識」絕非第七識或第八識。但經部此處所言之「識」的內涵為何，筆者將在本章第二節「經部的心、意、識結構」處再深入探討。第二個「果起之時，不在識內」的「識」，與前所述相同。熏習處在「識」之中，果生起處在「識」之外，此處也是世親批判經部熏習說最主要的部份。經部種子熏習處在「識」中，但果生起處是招感在「識」之外的異大種，如此熏習處與果生起處不同，就唯識家而言，理論上不夠圓滿。

再回頭看《二十論》頌文，「所熏習餘處，執餘處有果」，第一個餘處是指「識」，第二個餘處是指「識」之外的地方。

世親在長行中又自言「有熏習識汝便不許有果轉變，無熏習處翻執有果。」既然經部本來就不承認有阿賴耶識，那麼長行中的「熏習識」應該就不是指阿賴耶識中的熏習了，在般若流支的譯本中，解釋果生起的問題為：

> 以善惡業熏於心識，而不熏彼外四大等，以四大中無所熏事。云何
> 虛妄分別說言四大轉變？於四大中受苦果報。〔註4〕

唯識家的熏習說是熏於心識，也就是阿賴耶識，其果生起處亦在阿賴耶識之中。而經部的熏習說，其果不由識生，而是招感了識之外的異大種。

至於第三個出現在長行中的「餘處」，為「彼業熏習理應許在識相續中不在餘處」。在《唯識二十論》時期，世親尚未以「阿賴耶識」的概念去批判經部的熏習說。「阿賴耶識」的完整理論，要到《唯識三十論》中方成立。故「識相續處」指的應是「識熏習的場所」。種子在何處熏習，果就應該在何處生起。如同種樹，在甲地播種，就應在甲地生長開花結果。而按照經部理論，卻是在甲地播種而在乙地開花結果，故經部的論點是不夠完善的。

釐清《唯識二十論》中，詰難者所引用的經部思想，以及世親的批判，可以整理出此段所提及的兩個經部思想要點：

〔註3〕　《唯識二十論述記》卷1（CBETA, T43, No.1834, p.989, a24-28）。
〔註4〕　《唯識論》卷1（CBETA, T31, No.1588, p.66, b12-14）。

1、經部的「異大種說」

2、經部的「種習論」

在經部的「種習論」中，又牽涉到「種子」、「熏習說」以及「業論」等等佛教思想中的重要概念。而本節所欲探討的，除了經部「異大種說」外，便是「種習論」中的「種子」及「熏習說」，而「業論」的部份因其牽涉甚廣，故另立一節探討。

（二）經部關於「獄卒是否爲實有情」的相關理論

1、經部的「異大種說」

在窺基《唯識二十論述記》中，認爲經部說由地獄有情之業力生異大種，而有形貌等種種轉變的作用產生，此點與有部是一樣的。〔註5〕

在《阿含經》中提及四大種的部分，如《雜阿含經》卷三：

> 云何色受陰？所有色，彼一切四大，及四大所造色。是名爲色受陰。
> 〔註6〕

一切色爲四大及四大所造色。四大爲地、水、火、風四大要素，在《增壹阿含經》卷二十〈聲聞品〉中云：

> 今有四種之界，云何爲四？地界、水界、火界、風界。是謂如來。
> 有此四界，彼時人命終，地即自屬地、水即自屬水、火即自屬火、風即自屬風。〔註7〕

人之色身由四大要素組成，當身壞命終之時，即歸回地水火風之界中。在《阿毘達磨俱舍論》卷一〈分別界品〉中將四大種如何成爲人身說明的更詳細：

> 此四大種能成何業？如其次第，能成持攝熟長四業。地界能持、水界能攝、火界能熟、風界能長。長謂增盛，或復流引，業用既爾，自性云何？如其次第，即用堅濕煖動爲性。地界堅性、水界濕性、火界煖性、風界動性。由此能引大種造色，令其相續生至餘方，如吹燈光，故名爲動。〔註8〕

〔註5〕 《唯識二十論述記》「論曰：執那落迦由自業力，生差別大種，起形等轉變。述曰：此牒彼義，其經部等，與薩婆多同，形等者，等顯等，轉變者，作用也。」（CBETA, T31, No.1590, p.75, b2-7）。

〔註6〕 《雜阿含經》卷3（CBETA, T02, No.99, p.15, c16-18）。

〔註7〕 《增壹阿含經》卷20〈28 聲聞品〉（CBETA, T02, No.125, p.652, a10-13）。

〔註8〕 《阿毘達磨俱舍論》卷1〈1 分別界品〉（CBETA, T29, No.1558, p.3, b4-11）。

　　四大分別有堅、濕、煖、動四大特性，而就作用言，地大有保持不使墜落之作用，水大有攝集不使溢散之作用，火大有使物成熟而免於壞爛之作用，風大有增盛流引、上下縱橫生長之作用。因此種種特性以及作用，而使大種聚集造色，並使色法得以存在於世間。

　　在佛教中，四大含有「地水火風物質性的元素」以及「堅濕煖動之性質」兩種解釋。而爲何會出現這樣的分別？日本學者水野弘元在其《佛教教理研究》一書中將其分爲兩個部份探討：

　　A、巴利佛教及有部上座部系的阿含說：

　　將地界區分爲「內地界」與「外地界」，「內地界」有兩項內容：

　　　　a、身體內堅硬狀態或堅硬性質

　　　　b、髮毛爪齒等具體物質

　　B、屬於大眾部系的《增一阿含》：

　　將地界分爲「內地界」與「外地界」，「內地界」的內容只有髮毛爪齒等具體物質，並沒有堅硬之性質水野認爲上座部系會增加大種在「性質」方面之意義，可能是採取了阿毘達摩式的考察再加上古來常識性的解釋，而這樣的說法就被後來上座部系的阿毘達摩如《舍利弗阿毘曇論》、《法蘊足論》所繼承，至《婆沙》中，已使四大種之說明純粹化。〔註9〕

　　而獄卒是否爲實有情，在部派佛教時期產生了爭論。在《阿毘達磨大毘婆沙論》卷一七二中云：

　　　　問諸地獄卒，爲是有情數、非有情數耶？若是有情數者，彼多造惡，
　　　　復於何處受異熟耶？若非有情數者，大德法善現頌當云何通？如
　　　　說：「心常懷忿毒，好集諸惡業，見他苦生悅，死作琰魔卒。」有說：
　　　　「是有情數，問彼多造惡，復於何處受異熟耶？」答即於彼地獄受。
　　　　以彼中尚容無間業等極重異熟，況復此耶？有說：「此是非有情數，
　　　　由諸罪者業增上力，令非有情似有情現，以諸苦具殘害其身。」問
　　　　若爾大德法善現頌當云何通？答此不必須通，以非素怛纜毘奈耶阿
　　　　毘達磨所說，但是造製文頌。夫造文頌或增或減，不必如義何須通
　　　　耶？若必欲通者，彼有別意，謂若以鐵鎖繫縛初生地獄有情，往琰
　　　　魔王所者是有情數。若以種種苦具於地獄中害有情者，是非有情數。

〔註9〕　水野弘元：《佛教教理研究——水野弘元著作選集（二）》（台北：法鼓文化出
　　　　版社，2004年六月初版二刷）頁 437～439。

　　大德依有情數作如是説。」〔註10〕

　　《婆沙》中已有獄卒是有情數或非有情數兩種不同説法的記載。持獄卒非有情數者，認爲獄卒爲「諸罪者」的業增上力，而現出如有情一般的獄卒之狀，對罪者做出逼害之事。而持獄卒爲實有情者，如大德法救之頌，認爲獄卒爲心懷忿恨、集諸惡業、見他人苦處時會心生喜悅者，死後則受異熟果而成琰魔之卒。因造業而受其果報，定爲有情數。若獄卒非有情數，大德法救之言則不通。在此《婆沙》亦爲其提出解釋，因業力而受果報之琰魔卒，其功能是將得地獄業果之有情帶入地獄中，與在地獄中逼害有情之獄卒爲不同類。故説琰魔卒爲有情數，與説獄卒非有情數，兩者不相違。

　　在《阿毘達磨俱舍論》卷十一〈分別世品〉中對於獄卒非有情之解釋與《婆沙》略同，亦是因有情所造之業力而生。另外若獄卒如大德法救之説爲有情數，那麼爲何不會和一般地獄有情一樣受到地獄環境之折磨？《俱舍論》更進一步的提出：

　　　　有説有情，若爾此惡業，何處受異熟？即地獄中，以地獄中尚容無間所感異熟。此何理遮？若爾何緣火不燒彼，此定由業力所隔礙故、或感異大種故不被燒。〔註11〕

　　獄卒若爲有情數，因己身之惡業而生於地獄之中，能不受地獄的刑罰？是因爲生爲獄卒的業力與其他生爲地獄有情之業力不同，故身分與遭遇不同。另有解釋爲因業力不同，使造成獄卒之大種與造成地獄有情之大種不同，故獄卒並不受地獄之懲罰。《順正理論》中對於獄卒若爲有情數，爲何不受地獄之苦的解釋與《俱舍論》相同，亦是因業力遮隔或其身爲異大種故。〔註12〕

　　在《婆沙》、《俱舍論》、《順正理論》三本論書中，《俱舍論》與《順正理論》均提及異大種。雖無詳細解釋異大種如何產生，也未説明異大種的性質，筆者認爲，異大種或許爲論師們爲解釋「『獄卒』不同於一般有情」而作之設定，所以是從「解釋」的角度去理解，而不是原本就存有「異大種」之理論，此便能解釋爲何在論書中皆無法找到關於「異大種」之資料。此三本論書之論師，皆以「獄卒爲異大種生」，作爲「獄卒爲實有情但不受地獄苦果」之解

〔註10〕《阿毘達磨大毘婆沙論》卷172（CBETA, T27, No.1545, p.866, b8-c12）。
〔註11〕《阿毘達磨俱舍論》卷11〈3 分別世品〉（CBETA, T29, No.1558, p.58, c25-29）。
〔註12〕《阿毘達磨順正理論》卷31「有情無情，異類獄卒，防守治罰。罪有情故，火不焚燒。有情卒者，彼身別稟異大種故，或由業力所遮隔故。」（CBETA, T29, No.1562, p.517, a29-b3）。

釋。故異大種所造與一般大種所造之有情是不同。

　　《唯識二十論》中言有部及經部的獄卒，是由地獄有情之業力感生異大種。而獄卒除了因其大種異於一般大種而不受地獄苦報外，其形貌可怖、力量強大，可對地獄有情進行逼害之事，亦是由於其爲異大種所生故。

　　對於《唯識二十論》所提出「獄卒是否爲實有情」這個命題與異大種的關係，在此需做出釐清。在注釋《唯識二十論》的書中，對於各部派所執獄卒是否爲實有情，有不同看法。首先是窺基《述記》中，認爲：

　　　薩婆多等云：若獄卒等，非有情爾。應許造惡者，先業增上力，於
　　　今此生中，生別異大種。非內身攝，非有情數，非如無情無有作用。
　　　此實無情攝，似有情數，名異大種。〔註13〕

窺基認爲大眾與正量所執之獄卒是有情數，但有部與經部所執之獄卒非有情數。另外，李潤生的《唯識二十論導讀》，亦認爲有部與經部皆同意獄卒「不是獨立生命的有情」或「實有情」。〔註14〕如此看來有部、經部似乎都承認獄卒非是有情數。故本文在此需做更進一步的辨明。在《二十論》內文中對於獄卒來源之數說如下：

　　（1）大眾、正量：傍生說，由傍生趣之傍生入地獄道中成獄卒。
　　（2）說一切有部：彼那落迦業增上力生異大種，起勝形顯量力差別，於
　　　　　彼施設獄卒等名。
　　（3）經部：熏習說，因地獄有情之業力熏習種子，展轉相續，最後招引
　　　　　差別大種，由大種所生。

按大眾、正量部說，獄卒是傍生至地獄中，那麼獄卒就是「一般有情」。而按有部與經部說，獄卒由地獄有情業力感生異大種，因異大種故，所以非「一般有情」。而世親對這些部派獄卒說做出的評論，認爲這些部派承認獄卒爲「實有情」，就違背了唯識家「三界唯識」的理論。如此說明則可釐清兩個部份

　　（1）窺基認爲獄卒「非有情數」，是指「獄卒非一般有情」而不是「獄
　　　　　卒非實有情」，在釋經部獄卒說時，窺基認爲經部與有部在「異大
　　　　　種所生」這一點上相同，只是有部沒有熏習理論而經部有。
　　（2）「異大種」是獄卒雖不同一般有情但仍爲「實有情」的原因，異大
　　　　　種在有部獄卒理論中，是由業增上力所生，在經部的理論中，是業

〔註13〕《唯識二十論述記》卷1（CBETA, T43, No.1834, p.988, b22-25）。
〔註14〕李潤生：《唯識二十論導讀》，（台北：全佛出版社，1999.01）頁125、P129。

生差別大種，而經部的業論，其內容即爲「種習論」。兩派提出異大種，主要是爲了解釋獄卒形貌力量及遭遇不同於一般地獄有情。故世親只要破除異大種的根本——產生異大種的方式，也就是破除了「獄卒爲實有情」的理論。

（三）經部的「種習論」

世親在《唯識二十論》中點出了「經部熏習說」並加以批判，然而經部的思想流派眾多，其指涉的內容爲經部哪一派別的思想，其批判是否有所根據，都有探討的空間，故在本小節中，筆者將梳理經部各種「熏習說」的說法，以與《唯識二十論》的內容作對照。關於經部的熏習理論，筆者將分爲兩個方面探討。一爲經部的「種子義」，二爲經部的「熏習說」。

1、種子義

（1）「種子」概念的形成

以下就「『種子』成爲『業力存續方式』」的思想出現之背景與其先驅思想做一探討。

A、「種子」出現的思想背景

「種子說」出現的背景，與佛教中「因果業報」與「輪迴」、「諸法無我」等基本思想有直接的關連。以下將對此做直接的探討。

佛教既然承認「因果業報」與「輪迴」，但又強調「諸法無我」，在此必定會面臨到質疑：若沒有一個恆常不變的「我」，那麼承受業報的主體到底爲何？如此便無法說明業因與業果之間的聯繫。

「因果業報」與「輪迴」之理論，在原始的印度思想中本已有之。「輪迴」，梵語 saṃsāra。乃眾生因貪、瞋、癡三毒而招感三界、六道之生死輪轉，恰如車輪之迴轉，永無止盡。「輪迴」本爲印度婆羅門教主要教理之一，婆羅門教認爲四大種姓及賤民在輪迴中生生世世，身分永不改變。佛教則沿襲此說並依自己的教義發展出有別於婆羅門教的說法。佛教的「輪迴說」，主要主張眾生因受業報而在六道三界中輪迴。而與婆羅門教有所區別的是，婆羅門教認爲身分階級在輪迴中是不能改變的，而佛教則認爲有情可依自身的努力而改變下一世之果報。

如在《中阿含經》中提出當時對於「因」的異說：

爾時，世尊告諸比丘：有三度處異姓、異名、異宗、異說，謂有慧

> 者善受、極持而為他説，然不獲利。云何為三？或有沙門‧梵志如
> 是見、如是説：謂人所為一切皆因宿命造；復有沙門、梵志如是見、
> 如是説：謂人所為一切皆因尊祐造；復有沙門、梵志如是見、如是
> 説：謂人所為一切皆無因無緣。〔註15〕

印度傳統思想將因果思想中的「因」分為三種，一為「宿作因」，也就是前世
所種下的善因惡因，直接造成此世的禍福吉凶；二為「尊祐」，也就是印度神
祇「自在天」，自在天之神力為此世禍福吉凶之因；三為「無因無緣」，也就
是此世之禍福為偶然所發生，與因緣無關。按照印度傳統思想，人無法靠自
己的力量改變命運。

　　釋迦牟尼自「緣起」中觀察出因果論，一旦因緣具足，果即生起。業有
善業惡業，而果是無記的。但就世俗之人而言，對於起因與結果，通常會有
「善有善報，惡有惡報」這樣的道德上的判斷。此處會產生一個問題：業與
業果之中的執受者，是否具有同一性，亦或一直不斷變化？

　　三法印中的「諸法無我」，便是在說明一切有為、無為法之中，並沒有一
個恆常不變的「我」。也就是一切法皆依因緣而生，無自性。有為法雖有所作
用，但不常住；無為法雖然常住，但卻無作用。有情生命依蘊、處、界與器
世間而生，而一切法又皆是因緣聚足而起，沒有常住性、獨存性與實有性，
有情執著於此產生惑，這便是苦之根源。在原始佛教中，以「緣起說」說明
有情生命的流轉，其並不特別著重於解釋業報如何存續。故「業力的存續如
何可能」這一個問題一直到部派佛教時期，因受到外道的質疑而備受重視。
在業論中，牽引業果之力為業力，然而業力在有情身上的作用，到底是以何
種型態存在，並且如何相續不斷？而在「諸法無我」的思想前提中，又如何
解釋業果是作用在造此業的有情身上？各部派對此提出種種不同的解釋，最
後融匯而成大乘唯識學的「種子」之說。

　　B、「種子」的思想先驅

　　在水野弘元《佛教教理研究》中對業的探討，認為業是由三種階段性要
素所組成：

　　a、善惡的意志，或者行為的動機目的

　　b、依於身語的實際行動

〔註15〕《中阿含經》卷3〈2業相應品〉（CBETA, T01, No.26, p.435, a26-b3）。

　　c、實際行動之後的殘存習慣力〔註16〕

按 a、b 造業後，業會成爲一股勢用，也就是 c，並留存於造業者身上，招引相應的果報。而部派間對於這些殘存習慣力留存的方式說法則相當分歧。

　　在探討種子之前，必須先理解部派佛教中有關「潛在力」的概念。根據有部的說法，在「極重睡眠、極悶絕、無想定、滅盡定、無想果」的五種狀態下，心識是不活動的、斷絕的。那麼在這段期間，記憶或者是意念會如何留存下來，則成爲部派佛教思想發展的重點之一。當有情處於心識斷絕的狀態，那麼曾經起的善惡心、經驗所留下的勢用，會儲存於何處？而招感業果的業力存續，是否和心識有關？許多部派爲了解決這個問題，便提出了各種有關「潛在力」或「潛在心」的說法，而與「種子」說相關的，在新有部論師眾賢《順正理論》中提到：

　　　　復有諸師，於此種子，處處隨義，建立別名。或名隨界，或名熏習，
　　　　或名功能，或名不失，或名增長。〔註17〕

在眾賢的說法中，隨界、熏習、功能、不失、增長，都是種子的別名，但就其內涵而言，是否可以等同，尚有探討的空間。「熏習」與「功能」在經部文獻中探討「種子」的部份十分常見，但「熏習」除了被眾賢當作是種子的別名外，其本身尚有複雜的意涵，必須專一小節討論。而「功能」此名則是過於普遍化，故不予以探討。以下將就這些「不失」、「增長」、「隨界」，再加上「隨眠」與「細心」作內涵上探討，並釐清其與經部種子說的關連。

　　a、「增長」與「不失壞」

　　在世親的《大乘成業論》中提到：

　　　　若爾應許由善不善身語二業，蘊相續中引別法起，其體實有心不相
　　　　應行蘊所攝。有說此法名爲增長，有說此法名不失壞。由此法，故
　　　　能得當來愛非愛果，意業亦應許有此法。若不爾者，餘心起時此便
　　　　斷滅，心相續中，若不引起如是別法，云何能得當來世？是故定
　　　　應許有此法。〔註18〕

按照世親的記載，有情造善、不善的身業語業後招來業果，而使業與業果相

〔註16〕水野弘元：《佛教教理研究——水野弘元著作選集（二）》（台北：法鼓文化出版社，2004 年六月初版二刷）頁 233。

〔註17〕《阿毘達磨順正理論》卷 12（CBETA, T29, No.1562, p.398, b26-29）。

〔註18〕《大乘成業論》卷 1（CBETA, T31, No.1609, p.783, b20-26）。

續的別法，其體是實有的，且爲心不相應行所攝，此法即爲「增長」，又名「不失壞」。從論文中可知，「增長」或「不失壞」的功能，就是存續五蘊與心相續的過程中身、語、意業所留下的業力，使其得以感招果報。依藏傳善慧戒所注釋的《成業論》，認爲「增長」爲大眾部的說法。〔註19〕而在水野弘元《佛教教理研究》中則認爲，「增長」之名，可能出自《雜阿含經》之經文：

> 種植園果故，林樹蔭清涼。橋船以濟度，造作福德舍。穿井供渴乏，
> 客舍給行旅。如此之功德，日夜常增長。如法戒具足，緣斯得生天。

〔註20〕

經文中的「增長」，只是在說明造了善業之後，其不斷累積增長具足，最後便能招致善報。只是在說明一種業力累積的「狀態」。此經文後來則成爲了說明業力相續的經文依據，〔註21〕「增長」不再只是一種狀態，而是賦予其更多業力存續上的必要性。

「不失壞」梵文爲 avipranasa，此名稱的出現，水野則認爲其經典依據爲梵文《天譬喻》：

> 綜令經百劫，業終不失壞，眾緣會遇時，必當受果報。〔註22〕

「不失壞」一詞原爲「業力」的特性之一，業力有不斷滅的特性，故造業可待眾緣聚會方生起果報。

唯識十大論師之一的德慧在其作《隨相論》中，稱作「無失法」，認爲是正量部的說法。《隨相論》中言：

> 若正量部戒善生，此善業與無失法俱生，其不說有業，能業體生即謝滅。無失法不滅，攝業果令不失。無失法非念念滅法，是待時滅法，其有暫住義。待果生時，其體方謝。若是定戒，皆有隨根本相續流義。布施物則隨物在善**恒**流，若無流善，不能得果。無有無失法與善俱生，無有出在餘心，無流善**恒**流義。問業與無失法俱生，同是有爲法，業體何故滅？無失法不滅耶？答：善是心相應法，故

〔註19〕舟橋一哉著，余萬居譯：《業的研究》（台北：法爾出版社，1988 年 8 月）頁113，原書頁 118。
〔註20〕《雜阿含經》卷 36（CBETA, T02, No.99, p.261, b7-12）。
〔註21〕水野弘元：《佛教教理研究——水野弘元著作選集（二）》（台北：法鼓文化出版社，2004 年六月初版二刷）頁 397。
〔註22〕水野弘元：《佛教教理研究——水野弘元著作選集（二）》（台北：法鼓文化出版社，2004 年六月初版二刷）頁 397，原書 P314，註解 17，《說一切有部毘奈耶藥事》卷四中亦有記載。

生而即滅,無失法非心相應法,故不念念滅。〔註23〕

正量部的「無失法」的功能,是存續造業後所產生的業力,暫住而待招業果,且其屬於不相應行法,故不會在念念之間斷滅。「無失法」於造業之時即已生出,待業果產生後方消滅。

「無失法」或許是因為其與業皆是有為法,但業造後即謝滅,而無失法卻具有不滅的特色,故有此名。

b、隨　眠

隨眠,梵語為 anuśaya,是煩惱的異名。煩惱隨逐有情,令有情陷入昏昧沈重的狀態,隨眠的活動狀態微細難以覺察,與其對境以及相應之心、心所互相影響而增強其影響,並對有情產生束縛,故稱為「隨眠」。

水野弘元《佛教教理研究》中指出,各部派對於「隨眠」的解釋各有不同,而大致上分為兩類,一為「隨眠被視為等同煩惱,是與表面識相應的煩惱心所,完全沒有潛在力的意義。」,此為巴利佛教與說一切有部的看法。一為「主張隨眠為潛在力」,此為大眾部系之大眾部、一說部、說出世部、雞胤部、分別說部、案達羅四派、北道派等,以及上座部系的化地、正量、犢子部等之主張。〔註24〕

有部與巴利佛教並未將隨眠與不善煩惱做出區隔,但也有部派認為隨眠即為不善煩惱所引發的潛在之力,並將不善煩惱稱為「纏」,其所餘下的潛在之力為「隨眠」。將兩者做出區別的部派,認為「纏」是與心相應的心所,「隨眠」為潛在之力,故為心不相應行。

「纏」的內涵,並非世親批判之重點,故此處不加以深入探究。至於「隨眠」,如上所述,有許多部派均認為「隨眠」為煩惱所產生的潛在力,而經部對「隨眠」的看法,可自世親《俱舍論》中窺之:

> 然經部師所說最善。經部於此所說如何?彼說欲貪之隨眠義,然隨眠體非心相應,非不相應,無別物故。煩惱睡位說名隨眠,於覺位中即名纏故。何名為睡?謂不現行種子隨逐;何名為覺?謂諸煩惱現起纏心。〔註25〕

〔註23〕《隨相論（解十六諦義）》卷 1（CBETA, T32, No.1641, p.161, c28-p.162, a10）。

〔註24〕水野弘元:《佛教教理研究——水野弘元著作選集（二）》（台北:法鼓文化出版社,2004 年六月初版二刷）頁 415～418。

〔註25〕《阿毘達磨俱舍論》卷 19〈5 分別隨眠品〉（CBETA, T29, No.1558, p.99, a1-6）。

經部認爲「隨眠」爲心相應行，亦爲心不相應行。對經部而言，亦有「隨眠」與「纏」的分別，而兩者的區分在於所在「位」之不同。故並非煩惱之外另有「隨眠」，「隨眠」是當煩惱睡眠之時，潛藏的「纏」。「纏」跟隨的是表面的貪慾之心，而潛藏之後的「隨眠」跟隨的則是不現行的種子。水野弘元認爲，經部也將隨眠作爲潛在力，〔註26〕但在此處看來，隨眠只是因貪慾之心所產生的潛在力，與經部的種子內容並不完全相同，至於其內涵是如何不相同，則需待後文探討經部種子義時方能深入探究。

c、隨　界

「隨界」的內涵十分複雜，故本文在此以眾賢《順正理論》中所引的「上座」說法爲主。《順正理論》對「隨界」之名解釋如下：

> 然隨界名，應言隨過，無量過失，所隨逐故、觀彼但欲破聖教故、
> 壞正理故，矯立此名。〔註27〕

隨界，或稱「舊隨界」，眾賢批評隨界之名爲上座擅立，而舊隨界之「舊」，在智周《成唯識論演密》中解釋爲「新舊師別，舊名隨界」〔註28〕，但印順法師在其《唯識學探源》中認爲「舊」是「表示這引生後果的功能性，不是生果時新起的」。〔註29〕而「隨」，則是與「隨眠」之「隨」相同，都有「潛在」，「隨逐煩惱而起」之義。至於「界」，印順法師則認爲上座將「熏習所成，能生後果的因性」〔註30〕稱爲「界」，故舊隨界，就是隨著煩惱熏習，後來成爲使果生起的潛藏之力。至於「舊隨界」的內涵，可從《順正理論》中的記載窺之：

> 然上座言：因緣性者，謂舊隨界。即諸有情，相續展轉，能爲因性。
> 彼謂世尊契經中說，應知如是補特伽羅，善法隱沒，惡法出現，有
> 隨俱行善根未斷，以未斷故。從此善根，猶有可起餘善根義，隨俱
> 善根，即舊隨界，相續展轉，能爲因性。如斯等，類說名因緣，此
> 亦同前經主所執種子義破，此舊隨界，即彼種子名差別故。〔註31〕

〔註26〕水野弘元：《佛教教理研究——水野弘元著作選集（二）》（台北：法鼓文化出版社，2004 年六月初版二刷）頁 418。

〔註27〕《阿毘達磨順正理論》卷 18（CBETA, T29, No.1562, p.442, b7-9）。

〔註28〕《成唯識論演祕》卷 3（CBETA, T43, No.1833, p.880, b14-15）。

〔註29〕印順法師《唯識學探源》（新竹：正聞出版社，2003 年新版二刷）頁 171。

〔註30〕印順法師《唯識學探源》（新竹：正聞出版社，2003 年新版二刷）頁 172。

〔註31〕《阿毘達磨順正理論》卷 18（CBETA, T29, No.1562, p.440, b3-10）。

《順正理論》中記載的上座之言，認為舊隨界具有「相續」及「展轉」的特色，但此處並未談到「差別變化」。上座強調舊隨界的「因性」，其內涵便是在惡法如貪欲等出現時，仍有俱隨行的善根，此善根無論在惡法出現的情況下，仍能不斷的存在。此處上座將善根當作是善的潛在力了。論文最後認為此處所言的舊隨界，其義等同「種子」之說。而在《順正理論》他處，亦對「舊隨界」有其他定義：

> 又隨界言：非聖教說，但上座等，擅立此名，又彼許何諸業煩惱所
> 薰六處，感餘生果，為業煩惱俱生滅者。〔註32〕

眾賢認為上座「隨界」的內容，是業煩惱薰習六處，而後感餘生果的整個過程。這似乎就涵蓋了經部種習論其中一部分的內容，且次說又比前一則引文所解釋的隨界，內容要更加複雜，其牽涉到經部對於「業」、「薰習」、「果生起」的整個理論架構，包含經部「業」的內涵、「薰習的方式」與「果如何生起」等等，便不是單純的「潛藏力」可以簡單說明。故本文將在後文詳細探討經部的種子意涵、薰習說及業論，最後再與「隨界」做一比較。

d、細　心

在「無想定」、「滅盡定」的狀態下，是沒有心識活動的，但若沒有心識活動，其他五識亦處於斷絕之狀態，那麼有情便與草木無異。而部派在面對業與業果之間執受的對象是否能存續不斷絕的問題時，必須提出自己的理論。在這樣的思想背景下，出現了「細心」的說法。在睡眠無夢之時，悶絕的心識是表面心的粗心識，而潛藏微細的、相續的細心識仍然繼續活動。而這樣不斷絕的細心識，逐漸成為業果緣起之中，聯繫業與業果的執受者。而經部的前驅如《婆沙》中的譬喻師，就已有「細心」的說法。故「細心」的內涵與經部的「種子」，應有相當的關聯，故本文選擇「細心」，探討其與經部種子說之間的關係。

在《大毘婆沙論》中的譬喻師，已談到「細心」：

> 謂譬喻師分別論師執，無想定細心不滅。〔註33〕

「無想定」，是指能於定中心想不起，如同冰魚、蟄蟲，但是不能斷惑而證入聖果，故在「無想定」的狀態下，前五識與粗心識都是沒有作用的。而譬喻師認為，在「無想定」的狀態下，有一不滅的「細心」存在。而謂何必須有

〔註32〕《阿毘達磨順正理論》卷18（CBETA, T29, No.1562, p.440, b28-c3）。
〔註33〕《阿毘達磨大毘婆沙論》卷151（CBETA, T27, No.1545, p.772, c21-22）。

「細心」的存在，《婆沙》亦記載了譬喻師的說法：

> 謂譬喻師分別論師執，滅盡定細心不滅。彼說無有有情而無色者，
> 亦無有定而無心者。若定無心命根應斷，便名爲死非謂在定。〔註34〕

「無想定」只是一種「定」的狀態，若五識與心識皆無作用，那麼便如同死去一般。必須有能夠在五識與粗心識皆悶絕無作用的狀態下，仍維繫有情生命的運作之體，故譬喻師提出，此體即爲「細心」。

而經部系論師訶梨拔摩在其作《成實論》中亦承認細心的存在：

> 無想定者，無此定法，所以者何？凡夫不能滅心心數法。後〔5〕當
> 說，是心心數法微細難覺故名無想。〔註35〕

訶梨拔摩認爲，無想定仍有微細心思在活動，故無想並非無心，只是仍然持續活動的心是難以察覺的細心，而細心的特色就是：「無想定中心不應滅。」〔註36〕，細心在無想定中是不會斷絕的。

在眾賢《順正理論》中，記載了上座對「細心」的說法：

> 然上座言：思等心所，於滅定中不得生者，由與受想生因同故，非
> 由展轉爲因生故。何謂爲彼所同之因？若謂是觸此位應有，彼許滅
> 定中有心現行故。〔註37〕

根據上座室利邏多的說法，「思」、「受」、「想」等心所，在滅盡定中是不起作用的，但肯定滅盡定是有「心」存在的。但此「心」的內涵究竟爲何，上座未再明言。而對於經部如何界定「心」的內涵，筆者將在本章第二節「經部的心、意、識結構」中再深入探討。

無論是譬喻師、訶梨拔摩亦或上座，皆認爲無想或滅盡之中，有一「心」持續不斷的活動著，然而對於這樣微細心識活動的內涵，並沒有詳細的解釋。只說明此「心」在無想、滅盡中維繫有情生命，但是否就爲業與業果的執受者，並未明言。故細心是有相續不斷的特質，但與經部「種子」的內涵不盡相同。

梳理完「不失壞」、「增長」、「隨眠」、「隨界」、「細心」這些與經部種子說相關的概念，似乎是「隨界」的內容，與經部「種子」的內涵最爲接近。在「隨界」的定義中，已經強調了其有「相續」、「轉變」之特色，並且具有

〔註34〕《阿毘達磨大毘婆沙論》卷 152（CBETA, T27, No.1545, p.774, a14-17）。
〔註35〕《成實論》卷 7〈94 不相應行品〉（CBETA, T32, No.1646, p.289, b13-15）。
〔註36〕《成實論》卷 13〈170 三無色定品〉（CBETA, T32, No.1646, p.344, b13）。
〔註37〕《阿毘達磨順正理論》卷 15（CBETA, T29, No.1562, p.420, b17-20）。

「因性」，這是較其他先驅思想更接近「種子」觀念的部份。

　　「不失壞」、「增長」、「隨眠」強調的是業因業果的執受者，而「細心」強調的是有情生命不斷斷的相續。印順法師則認為種習論，便是種習與細心合流：

> 但種習的目的，是要成唯一切法生起的功能，它需要的性質是差別、變化。細心的目的，在作為雜染清淨的所依性，這自然需要統一、固定。〔註38〕

印順認為種子與細心合流的經據是「諸法種子所集起故，說名為心。」，但不同之特性難以相容，故「細心」與「種子」規定為「不一不異」。〔註39〕

　　「種子」需要差別、變化，才能成為業因與業果之間的聯結，然而提出「種子說」的經部，也必須解釋「種子」如何能相續不斷。故在「種子說」的發展的歷程中，「細心」與「種子」的結合，正可以說明「種子」為何能相續不斷。但經部的「種子說」，筆者認為可能並不用「細心」統一固定的特性去說明「種子如何相續不斷」，而是提出如何在持種處斷滅之時，仍能有他處可以保存種子。如世親《俱舍論》中的「色心互熏說」即是如此。此處待後文探討「熏習說」時，再加以深入探討。

　　（2）經部種子說與有部無表色之關連

　　業力如何存續，既是部派佛教時期所關注的焦點之一，除了前述與經部種子說相關的說法外，說一切有部亦有其對於業力存續的一套說法。而反對有部，是經部的基本立場，故探討經部的種子說，必須先釐清其與有部業力存續說法的關聯。

　　說一切有部，是以「無表業」說明業力的存續。「無表」，梵語為 avijñapti，指非表現於外在，而是在身業或語業之後，留存下來的一種潛在力。有部認為無表示保存在身體之中的一種潛在力，故認為無表亦是色法。

　　而有部以無表作為業力存續的對象會產生其限制。首先，有部將身、語、意業中的身業和語業分為表業和無表業，而意業並沒有表業與無表業之分。無表業本身具有「表面上的行為所留下來的影響」的意義。但是有部在意業中並未設置無表業。在舟橋一哉《業的研究》中，認為這是有部業論最大的缺陷，那表示意業本身若沒有表現在外，那麼並不會留下任何業力的勢用。〔註40〕這

〔註38〕印順法師《唯識學探源》（新竹：正聞出版社，2003年新版二刷）頁125。
〔註39〕印順法師《唯識學探源》（新竹：正聞出版社，2003年新版二刷）頁125～126。
〔註40〕作者另解釋，「出現在《俱舍論》中的有部之說，並不認為無表業是招致果報

便不同於原始佛教中，對意業的重視。

再者，在有部的理論中，無表業存於有情之色身當中，屬於色法。故亦稱爲「無表色」，若無表色爲業力所存續的對象，那麼當有情身壞命終之時，無表業亦會隨著消失。那麼無表業便失去可以承載三世業力的性質。故無表業並不能成爲未來招愛、非愛果報的必要之依因。〔註41〕

在經部先驅訶梨拔摩的《成實論》中，亦有其對於「無表」的觀點，在《成實論》中提到「無表」爲「無作」：

> 問曰：何法名無作？答曰：因心生罪福，睡眠悶等，是時常生，是名無作。如經中說：若種樹、園林、造井、橋梁等，是人所爲福晝夜常增長。問曰：有人言：作業現可見，若布施、禮拜、殺害等是應有，無作業不可見故無，應明此義。答曰：若無無作，則無離殺等法。問曰：離名不作，不作則無法，如人不語時，無不語法生，如不見色時，亦無不見法。答曰：因離殺等得生天上，若無法云何爲因。〔註42〕

從以上引文，可以知道《成實論》認爲造業的主因仍在「心」，而「無作」的內容，便是由心生之「罪福」，而這樣的「無作」，也是招致果報的一種潛在力量。但而世親在《俱舍》中，不採取「無表業」的說法，而是即提出了經部種子說取代有部無表業之理論。以下將對經部之種子說作一介紹。

（3）經部種子之意涵

印順法師在《唯識學探源》一書中綜合了種子以及其別名所包含的不同面向，作出了以下結論：

> 是在某一法沒有現起作用時，早已存在；一但因緣合和，就會從潛

的因體，而認爲是僅具妨善妨惡的功能足以造就人類後天性格（習性）的因體而已。所以，雖然有部並未再意業之下立一無表業，但也並非說，意業不會招來果報。」（舟橋一哉著，余萬居譯：《業的研究》，（台北：法爾出版社，1988.01.01）頁38～39）但無表業內涵的探討，並非本文重點，但無表業的確與經部種子說的興起有關，故只略提無表業的限制與經部種子說作爲比較。

〔註41〕 此處對於有部「無表業」之說，在舟橋一哉《業的研究》中有相當詳細的介紹。《俱舍》雖對有部將無表色作爲業力存續的對象與感招果報之依因提出批評，並代之以經部的種子說，但有部的無表色是否作爲感招果報之依因，學者之間有不同的意見（可參照佐佐木現順《業的思想》頁127～130，舟橋一哉《業的研究》頁99～104），但此不屬於本文所討論的範圍，故本文提出世親對有部無表業說的看法與取代方式，乃是爲了突顯出經部種子說的特色。

〔註42〕 《成實論》卷7〈96無作品〉（CBETA, T32, No.1646, p.290, a19-27）。

在的能力轉化爲現實。〔註43〕

種子就是一種潛在的力，有情造業後所留下的力用，熏爲種子，待因緣具足後果即生起，如同植物的種子是發芽、生果的原動力一般。種習論成爲經部與大乘唯識學派的重要教理，然而在內涵上卻有很大的不同。

　　經部種子作爲業力存續的對象，不同於有部的無表業，而是「種子」。經部主張「過未無體、現在有體」說，並主張一切法爲刹那滅，在這樣的前提下，有部屬於色法之無表業，自然無法成爲業力存續的對象。而經部的種子說中，認爲種子之體爲「思」。契經之「思業」，經部釋爲「思惟思」；「思已業」則釋爲「作事思」。經部將善惡之價值回歸於思，所以主張「業即是思」。有部之無表業是依表業而起的，而經部之種子則依思業與熏習而來。〔註44〕

　　另對於善心、不善心相續的狀況，《順正理論》中有以下記載：

> 不善心中，有善所引展轉隣近功能差別，以爲種子，從此無間善法得生。或善心中不善所引展轉隣近功能差別，以爲種子，從此無間不善法生。〔註45〕

善心與不善心並不是不能改變，其中種子便扮演轉變的樞紐。在不善心中若有善熏習成種子，亦能生無間善法，反之亦然。若在果生起前遇到別緣，世可能改變結果的。〔註46〕故佐佐木現順在《業的思想》中做出如是結論：

> 「種子」，絕對不是一粒種籽而已，而是作爲總體的善心或不善心相互轉變的可能作用。〔註47〕

另在種子熏習的部份經部認爲只有思才能熏習，在《俱舍論記》卷 13〈4 分別業品〉中記載：

> 依經部宗身、語二表是無記性。思通三性故唯思業能熏成種表不能熏。〔註48〕

〔註43〕 印順法師《唯識學探源》（新竹：正聞出版社，2003 年新版二刷）頁 126。
〔註44〕 此處說法參考舟橋一哉著，余萬居譯：《業的研究》（台北：法爾出版社，1988年 8 月）頁 48～51。
〔註45〕 《順正理論》卷十二（CBETA, T29, No.1562, p.397, b29-c9）。
〔註46〕 《阿毘達磨順正理論》卷 34：「謂如外種，由遇別緣，爲親傳因，感果已滅。由此後位遂起根芽莖枝葉等。諸異相法，體雖不住，而相續轉，於最後位，復遇別緣，方能爲因，生於自果。」（CBETA, T29, No.1562, p.535, a4-7）。
〔註47〕 佐佐木現順著，周柔含譯：《業的思想》（台北：東大圖書公司，2003.02）頁 162。
〔註48〕 《俱舍論記》卷 13〈4 分別業品〉（CBETA, T41, No.1821, p.205, a23-24）。

若按經部之理論，身表和語表之體也是思，所以是無記的，而只有思，可通善、惡、無記三性，所以只有思業能夠熏習種子。

關於經部「種子」的性質，世親在《俱舍論》有直接的說明：

> 此中何法名為種子？謂名與色於生自果，所有展轉隣近功能，此由相續轉變差別。何名轉變？謂相續中前後異性。何名相續？謂因果性三世諸行。何名差別？謂有無間生果功能。〔註49〕

經部的種子，已有「相續、轉變、差別」之功能。相續為其為業力存續之對象，並能前世、今世、後世中起現行。轉變為在業力相續不斷的狀況下，前後所產生的差異性，差別為種子具有令果生起的功能。經部種子雖已有如此功能，但與唯識學中的種子六義仍然有相當差距。

至於經部種子熏習處，在經部本身的理論中也有不同說法。以下將按照論書上之記載與近人之研究，說明經部熏習理論。

2、熏習說

無性《攝大乘論釋》中對經部的種子熏習說分類如下：

> 或說六識展轉相熏。或說前念熏於後念。或說熏識剎那種類。

無性將經部種子熏習說分為三類。而在智周的《成唯識論演祕》卷三，則是將經部熏習說分為四類：

> 經部師計總有四類。一本經部許內六根是所熏性。如瑜伽論五十一末言。色持種隨彼言也。如前引矣。又順正理第十八云。此舊隨界體不可說。但可說言是業煩惱所熏六處。感餘生果。釋曰。隨界即是種子異名。新舊師別名舊隨界。二六識展轉而互相熏。三前念熏後。四類受熏。〔註50〕

將《成唯識論演祕》的四類與《攝大乘論釋》的三類對照，《成唯識論演祕》多了「內六根是所熏性」這一點。而印順法師在《唯識學探源》中將經部種子熏習說歸納為三大派。第一派為六識受熏說。經部有主張異時因果，故說前念熏習後念；有主張識熏剎那種類。這些均與六識受熏說有關。〔註51〕第二派為六處受熏說。上座主張種子在六處熏習而在果在餘處生起。而《俱舍

〔註49〕《阿毘達磨俱舍論》卷四〈分別根品〉（CBETA, T29, No.1558, p.69, b17-19）。

〔註50〕《成唯識論演祕》卷3（CBETA, T43, No.1833, p.880, b9-16）。

〔註51〕無性與智周所言之六識展轉相熏，印順法師認為經部不許六識俱時，六識不能同時展轉相熏，是否為經部之見解是有疑慮，故此處不談。

論》主世親，承先代諸軌範師，而說「色心互熏」。第三派為細心相續說。世親在《大乘成業論》中引一類為量者，〔註52〕主張在六識之外，別有細心，為種子熏習處。在印順法師的觀點中，第三派已轉入瑜伽大乘之中。〔註53〕

在曹志成〈經量部種子思想的探討〉一文中，整合了以上三者與日本學者加藤宏道〈經量部種子說關異說是非〉中對經部種子思想的分類，將經部種子說分為七說。〔註54〕

世親本身的種習論思想，亦分為《俱舍論》與進入大乘兩個時期。《唯識二十論》是在進入大乘時期所作。《俱舍論》世親所傳的經部思想也許與他後來所批判經部思想有較密切的關聯。據印順法師《說一切有部為主的論書與論師之研究》一書中指出，世親造《俱舍論》時，上座所造之經部根本毘婆沙已然流行，《俱舍論》中引用上座的教說而造成眾賢不滿而做《順正理論》。《俱舍論》確有隨順上座經部宗之傾向。故在種習論方面，《俱舍論》時期的世親確實有受到上座理論的影響。故其中與世親在《俱舍論》中「色心互熏說」種子思想有較直接關聯的是上座室利邏多的「六處受熏說」。

在《順正理論》的記載中，「舊隨界」即「彼種子名差別故」。印順法師在《唯識學探源》中認為「舊」是指引生後果之功能性，不是果生起時新起的，而是由熏習展轉而來，〔註55〕而「隨」有潛伏、潛在之意義。「界」的內容很廣，但主要為經由熏習後能令果生起的因性，「舊隨界」已粗具種子的各種特色。

〔註52〕 《大乘成業論》卷1「應如一類經為量者，所許細心彼位猶有，謂異熟果識具一切種子。從初結生乃至終沒，展轉相續曾無間斷。」（CBETA, T31, No.1609, p.784, b28-c2）。
〔註53〕 印順法師《唯識學探源》（新竹：正聞出版社，2003年新版二刷）頁177～188，此部份尚可參考印老另一本著作《說一切有部為主的論書與論師研究》（新竹：正聞出版社）頁555～558。
〔註54〕 本文將經部種子異說分成七種探討：（一）心法能熏說（二）六識互熏說（三）前念熏後法說（四）同類識受熏說（五）六處受熏說（六）色心互熏說（七）細心受熏說（異熟識受熏說）並認為經量部之種子說「是為了補救有不「得、非得」的主張，說明善、不善等心於前後剎那續起情形之不足。（曹志成：〈經量部種子思想的探討〉，《諦觀》第79期，1994.10.01）另，此論文之分類多參考日本學者加藤宏道〈經量部の種子說に關するその異說とその是非〉，收集於山崎教授紀念集《唯識思想の研究》，龍谷大學，頁134。
〔註55〕 印順法師：《唯識學探源》，（台北：正聞出版社，1944.10）頁171～172。此說法推翻了智周《成唯識論演祕》中，認為「舊」為「新舊師別，舊名隨界」的看法。

　　隨界的特色爲「相續展轉，能爲因性」，經由業煩惱的熏習而生出的果報，其中的連結處爲何？故上座說相續，從自體的因性而引生自果，如同植物生長的過程一般，雖然最後是變化爲不同的狀態，但仍是自身的、相續的變化。由此可見上座的隨界說，主要在於說明因性與果報之間的相續，但對於相續轉變的過程並沒有正面的解釋。

　　而上座在業力熏習之處，則有「六處受熏說」的說法。《順正理論》中記載：

　　　　此舊隨界，體不可說，但可說言，是業煩惱所熏六處，感餘生果。

〔註56〕
上座認爲業力熏習處在「六處」，乃因爲上座屬於「無心定有心」的學派。無心定包含無想定與滅盡定，屬不相應行法，在無想定與滅盡定中，心識活動會全部停止。但在分別論者與《婆沙》中譬喻師的理論中，在無心定中停止活動的是「粗心」，也就是表面意識活動，但隱微潛藏「細心」仍會繼續活動，那便是屬於深層的、潛伏狀態的意識。上座受到分別論者與譬喻師的影響，故肯定「滅定中有心現行」。然而對於「無色界有色」，《婆沙》中的譬喻師是贊同的，上座方面則是尚無資料顯示其亦贊同此點，若上座並未贊同，那麼會產生的問題是，上座的六處受熏，事實上最終所依的是意處，六處受熏說便不夠完善。

　　關於種子熏習處，世親依先代諸軌範師之言，說「色心互熏說」。世親承先代軌範師，認爲無色界無色，無心定無心。在這樣的前提下，六處受熏是有限制的，若六處受熏，那麼無色界並無色身，如何受熏？故世親提出了色心互熏說，《俱舍論》中記載：

　　　　故彼先代諸軌範師咸言：二法互爲種子。二法者，謂心有根身。

〔註57〕
心可持色法種子，也可成爲色法種子的熏習處，色法亦可持有心、心所之種子，並成爲心、心所種子的熏習處。那麼便解決了「無色界中無色，無心定中無心」中，持種熏習之處會斷絕的問題。

　　比較《順正理論》中記載上座的「六處受熏說」與世親《俱舍論》中的「色心互熏說」，有兩點需要注意的地方：

〔註56〕《阿毘達磨順正理論》卷18（CBETA, T29, No.1562, p.440, b21-22）。
〔註57〕《阿毘達磨俱舍論》卷5〈2 分別根品〉（CBETA, T29, No.1558, p.25, c25-26）。

（1）異熟因與異熟果之時間關係

在曹志成〈經量部種子思想的探討〉一文中，採加藤純章的觀點與資料，認爲上座的隨界說，是採「無間生果」，而眾賢與世親均對「無間生果說」有所批評。〔註58〕言世親以「相續、轉變、差別」，取代上座的隨界與無間生果說，但在《俱舍》中提到種子的相續轉變差別中的「差別」，解釋爲「有無間生果功能」，其中差異應可再深入辨析。

（2）持種受熏處的不同

兩說最大的不同便是受熏持種處的不同，因爲立場的不同，故上座執六處受熏，世親《俱舍論》中持色心互熏說。

《唯識二十論》中批判經部之熏習處與生果處不同，就唯識家的立場看來，不夠圓滿，唯識家提出阿賴耶識取代六處與色心，成爲三界不斷不滅之相續，而關於果生起，也就是《二十論》中探討的獄卒是否爲實有情，唯識家則提出「識轉變」，作爲獄卒非實有情的理論基礎。

二、經部的「業論」

前文所探討的經部種習論，其實就是在探討經部對於「業力」如何存續的理論。在世親《俱舍論》中記載的經部種子說中，已認爲「種子」具有「相續」、「轉變」、「差別」這樣的特質，然而經部所認爲的熏習種子的「業力」，其內涵究竟爲何？經部對「可熏習種子的業力」的規定，是否影響到經部「種習論」的內涵？筆者將在本節中做一梳理。

經部的基本立場，是以反對有部爲主，故本節論述的順序，將從略述《阿含經》中「業」與「業力」的說法，到說一切有部對於與「業力」與「無表」的理論，再討論經部如何說明熏習種子之「業力」的內涵。

（一）《阿含經》中的「業」與「業力」說

眾生因業力故，在六道中輪迴不已。輪迴，梵語爲 samsara，本義爲「流」。在《過去現在因果經》卷三云：

> 貪欲瞋恚。及以愚癡。皆悉緣我根本而生。又此三毒。是諸苦因。
> 猶如種子能生於芽。眾生以是輪迴三有。〔註59〕

〔註58〕曹志成：〈經量部種子思想的探討〉，（《諦觀》第79期，1994.10.01）頁91～92。

〔註59〕《過去現在因果經》卷3（CBETA, T03, No.189, p.644, b25-28）。

貪、嗔、癡三毒是諸苦之因，眾生因此而無法脫離輪迴之苦。其後對輪迴的解釋，便取其如車輪之無窮迴轉，如「有情輪迴生六道。猶如車輪無始終。」〔註60〕有情眾生在三界六道中迴轉，難有終結之時。

「業」，梵語爲 karman，是印度舊有的觀念，本指行爲、動作的完成。但若和因果關係結合，變成爲過去行爲延續下來所形成之力量，也就是「業力」。此爲有情從意志到行爲所產生的力量，由這樣的力量決定其苦樂之果報。

原始佛教對於業力的討論，從因果上說，《中阿含經》卷三〈業相應品〉中云：

> 爾時，世尊告諸比丘，隨人所作業則受其報。〔註61〕

人因己所造之業而有果報，此果報須由自身承受。造惡業如「口·意惡行。誹謗賢聖。邪見因緣。」，身壞命終後即生地獄中；造善業如「身善行。口。意善行。不謗賢聖。正見成就。」，身壞命終後則得生天上。〔註62〕

有情因無明而有惑，因惑而有業，又因各自所造業而產生相應之苦，故在六道中流轉不已。業力的產生就五蘊之造作上來說，分爲身、口、意三業。身業有三：殺生、不與取、邪婬；口業有四：妄言、兩舌、麤言、綺語；意業有三：貪伺、嫉恚、邪見。由這些業因所造成的業果，便是六道。

造成身口意三業的主要根源，便是五蘊當中屬於精神作用的行蘊。行蘊主要是意志的作用，與業力最爲相關。印順法師對行蘊的解釋爲：

> 行的定義是『造作』，主要是『思』心所，即意志作用，對境而引生
>
> 內心，經心思的審慮、決斷，出以動身，發語的行爲。〔註63〕

思心所是身、語、意行的動力來源。人的身體屬於色蘊，受想行識則是心的作用，其中識蘊統合了身心與外界的接觸，但眞正促使意念造作與行爲產生的根源卻是行蘊。有情眾生在相續不斷的情識之中，對於外界與自身產生染愛執著，生起煩惱之心。在身心之活動中，又經此心思之審率決斷後的行爲，而產生伴隨著行爲而來的業力。十二緣起中的行支，便是在無明的狀態下，基於前世的善惡業，決定今世的出生與果報。而有情眾生便在此煩惱與業力中輪迴，難以解脫。

〔註60〕 《大乘本生心地觀經》卷3〈2報恩品〉（CBETA, T03, No.159, p.302, b23）。
〔註61〕 《中阿含經》卷3〈2業相應品〉（CBETA, T01, No.26, p.433, a14-15）。
〔註62〕 《雜阿含經》卷20（CBETA, T02, No.99, p.140, b9-16）。
〔註63〕 印順法師著：《佛法概論》（新竹：正聞出版社，2003年四月新版二刷）頁59。

原始佛教對於業力在眾生輪迴與因緣果報中的作用過程並不詳述。到了部派與大乘，以業力爲主的各種緣起說被詳細的分析，包含業力所依的對象、表業與無表業之分別、業力對於種子的熏習等。因爲各派對於業力產生作用的對象、作用之處及產生的結果，在理論上有所不同，所以在有情身心與認識的對象如何產生也會有所不同。

（二）說一切有部的「業」與「無表」

無表，梵語 avijñapti-rūpa。又作無表業，相對於「表色」、「表業」。屬世親《俱舍論》七十五法之一。「表業」指的是依於身業與語業，表現於外在的行爲，而身業和語業反覆發生、進行而累積下來的潛在力，此力並不會表現於外在，故稱爲「無表業」。「無表業」即是在色身中相續，而其不可見，並且沒有障礙性之色法。

大眾部、化地部、正量部皆有談到「無表色」。〔註64〕而有部最早談論到「無表色」的，是《集異門足論》和《法蘊足論》，在此二論書中，認爲「正語」、「正命」、「正業」就是「無表」。〔註65〕

而在世親《俱舍論》中所提到有部的「無表」說，日本學者舟橋一哉在其作《業的研究》中，提到有部的「無表」有兩個特色：

（1）在身、語、意三業中，只有身業和語業有表業與無表業之分，意業則沒有表業與無表業之分。舟橋所做出的結論是，有部認爲如果只是心中的意志，而不是以身、語的狀態顯現於外，也不過就只是想想而已。

（2）有部認爲五根與五境以及無表業均是屬於「色法」。〔註66〕

就第一點而言，有部將業所殘留的餘力，歸於身業和語業，卻忽略了在原始佛教中，特別重視「意業」對有情所造成的影響。〔註67〕在經部的業論中，

〔註64〕水野弘元：《佛教教理研究——水野弘元著作選集（二）》（台北：法鼓文化出版社，2004 年六月初版二刷）頁 257。

〔註65〕《集異門足論》卷三，大正 26，379b；卷二十，452c 以下。《法蘊足論》卷六，大正 26，481c。

〔註66〕舟橋一哉著，余萬居譯：《業的研究》（台北：法爾出版社，1988 年 8 月）頁38～40。

〔註67〕水野弘元：《佛教教理研究——水野弘元著作選集（二）》中亦認爲：「說一切有部認爲，作爲表業的身業、語業，以及其習慣餘勢力的無表業，皆屬於物質性的色法……，又，說一切有部所說的無表之習慣力，僅及於身業、語業，於意業並未成立習慣力。」（台北：法鼓文化出版社，2004 年六月初版二刷）

對於此點，則更接近原始的佛說，此點容後再述。

而有部所認為的無表色，卻是四大所造的「色法」，擁有防非或妨善的功能；故有部以無表色為受戒之體。雖然無表色屬於色法，卻與其他色法具有可見性、物質性、障礙性等不同。身表、語表是會間斷的，故有部以無表業作為相續之業力。但在有部的說法中，無表業確實是屬於十一種色法中的實法，然而色法是會生滅的。這樣的特質導致「無表業」與「業力是相續不斷的」兩者之間產生矛盾。而經部則對於此點，則是提出了「種子」說，作為業力相續不斷的解釋。

（三）經部的「業」與「種子」

說一切有部認為「無表」是儲存於色身中的色法，且只有「身業」與「語業」具有「無表」。這樣的理論會產生的問題是「性質為色法的無表，要如何使業力得以存續」以及「並不重視意業對有情所產生的影響」。經部以反對有部為其基本立場，而在說明「業力」方面，也採取了和有部不同的方向。本節將說明經部對業力的看法，以及經部的業力理論對於其種習論的影響。

經部的前驅，《大毘婆沙論》中的譬喻師，對於業力的說法，與有部論師已經有了很大的不同：

> 謂譬喻師，說表無表業，無實體性。〔註68〕

上引之論文，說明譬喻師已不贊同表業與無表業，具有實體性。有部認為無表是色法，是因為其儲存於有情的色身之中，但色身終有毀壞之時。色身不能持續，儲存於色身中的無表，也會間斷。譬喻師認為無表是沒有實體性的，有部認為的無表不可見，亦無質礙性，筆者認為兩者看起來似乎不相違背，且此處並未說明表業或無表業的性質。然而在《婆沙》中，有出現另一處關於譬喻師對業力的說法，較清楚的說明了其對於業之性質的看法：

> 又譬喻師說，身語意業皆是一思。〔註69〕

有部認為意業之體為思，而身業之體為「形色」，語業之體為「言聲」。〔註70〕而譬喻師認為，身業、語業、意業之體皆屬於思。

而在世親《俱舍論》中，亦有談到身、語、意業之體皆為思的部份：

頁 234。

〔註68〕《阿毘達磨大毘婆沙論》卷 122（CBETA, T27, No.1545, p.634, b23-25）。
〔註69〕《阿毘達磨大毘婆沙論》卷 113（CBETA, T27, No.1545, p.587, a7-9）。
〔註70〕舟橋一哉著，余萬居譯：《業的研究》（台北：法爾出版社，1988 年 8 月）頁 36。

若爾，何故契經中說有二種業？一者思業，二思已業，此二何異？

謂前加行起思惟思，我當應爲如是，如是所應作事名爲思業。既思
惟已起作事思，隨前所思作所作事，動身發語名思已業。〔註71〕

舟橋一哉《業的研究》中指出，上文所說的「若爾」，即是指經部所謂「若三
業之體皆爲思」，〔註72〕那麼爲何在契經中有思業與思已業的差別？經部的回
答是：先有了「思惟之思」的發生，這「思惟之思」也就是「意業之思」，而
產生了念頭後，而當「思惟之思」做出引起身、語動作之思時，此引起身、
語動作之思即爲「作事之思」，也就是「思已業」。故身業、語業、意業之體
皆爲思。而身、語、意三業其中之關連，在《俱舍論》中亦有提及：

此所由業其體是何？謂心所思及思所作。故契經說：有二種業，一
者思業，二思已業。思已業者謂思所作，如是二業分別爲三，謂即
有情身語意業。如何建立此三業耶？爲約所依、爲據自性、爲就等
起。縱爾何違？若約所依應唯一業。以一切業並依身故；若據自性
應唯語是業，以三種中唯語即業故。若就等起亦應唯一業，以一切
業皆意等起故。毘婆沙師說，立三業如其次第由上三因。然心所思
即是意業，思所作業分爲身語二業，是思所等起故。〔註73〕

毘婆沙師認爲所有的業都以身爲所依，而並非所有的聲音皆會造成語業，而
是構成「語言」的聲音才是能夠成語業，故語業是以自己本身的自性爲標準
來談的。而一切業與意業是等起的，故就等起的標準而言，一切業也可說是
意業。而筆者認爲最後「心所思即是意業」之句，就是前文所述經部的看法，
以一思貫通三業，三業之體皆爲思，而非形色或是音聲。

經部認爲有部的無表，在理論上是有缺陷的，〔註74〕舟橋一哉《業的研
究》中，認爲經部提出相當於有部「無表業」之物，爲「思之心所的種子」。

〔註71〕《阿毘達磨俱舍論》卷13〈4分別業品〉（CBETA, T29, No.1558, p.68, c13-17）
業的研究，頁45~46。

〔註72〕舟橋一哉著，余萬居譯：《業的研究》（台北：法爾出版社，1988年8月）頁
47，另外在《俱舍論》另一段文中亦可知道此爲經部之看法：「汝等經部宗立
何爲身表？立形爲身表，但假而非實。既執但用假爲身表，復立何法爲身業
耶？若業依身立爲身，。謂能種種運動身思，依身門行故名身業，語業意業
隨其所應立差別名當知亦爾。」（CBETA, T29, No.1558, p.68, c8-13）。

〔註73〕《阿毘達磨俱舍論》卷13〈4分別業品〉（CBETA, T29, No.1558, p.67, b17-27）。

〔註74〕舟橋一哉著，余萬居譯：《業的研究》（台北：法爾出版社，1988年8月）頁
40。

〔註75〕印順法師在《唯識學探源》中亦認爲：

> 談到無表業，譬喻論者只說成就。後代經部，說是因思心所的熏習，
> 而微細相續漸漸轉變。簡單的說，無表業是微細潛在相續的思種子。
> 他與有部對立起來，有部說是無表色，他卻說是種子思。〔註76〕

以下我們將探討思心所與種子熏習的關係，以進一步去理解經部種習論的內涵。日本學者舟橋一哉在其作《業的研究》中認爲，世親《俱舍論》否定了有部的無表業說，而代之以經部的種子說，〔註77〕在本論文的第二章，也梳理出世親《唯識二十論》中所批判的種習論，可能最接近世親自己所造的《俱舍論》中所提到的種習論。故本段將以《俱舍論》中談到的種子，探討其與思心所之間，熏習的關係。

在《俱舍論》中，對於種子的功能，定義爲下：

> 即前異熟，遇聞正邪等諸起善惡緣，便能引生諸善有漏及諸不善有
> 異熟心。從此引生相續、轉變、展轉能引轉變差別，從此差別後異
> 熟生。〔註78〕

種子如前文所述，其內容爲「相續、轉變、差別」，從引文中可以了解，經部的種子的確是「業因」與「業果」之間的聯結，舟橋一哉則認爲，所謂「相續、轉變、差別」，即爲「業之種子」，而「業之種子」也就是「思之種子」。

在新有部眾賢《順正理論》中，對此的解釋爲：

> 應問此中何名相續？何名轉變？何名差別？彼作是答：思業爲先，
> 後後心生，說名相續；即此相續，於後後時，別別而生，說名轉變；
> 即此無間，能生果時功力勝前，說名差別。〔註79〕

「彼」所指即是經部師，而在「相續、轉變、差別」之前，是以思業爲先的，也就印證了《俱舍論》中所說種子之體爲思的說法。

〔註75〕舟橋一哉著，余萬居譯：《業的研究》（台北：法爾出版社，1988年8月）頁46。
〔註76〕印順法師《唯識學探源》（新竹：正聞出版社，2003年新版二刷）頁147～148。
〔註77〕在舟橋一哉《業的研究》中指出：「在《俱舍論》裡，我們也可清清楚楚地看到它以『種子』作爲招致未來之果的因素。」；「在《俱舍論》裡，我們就可以看到世親否定了有部的此種『無表業說』，而代之以經部的『種子說』。」（舟橋一哉著，余萬居譯：《業的研究》（台北：法爾出版社，1988年8月）頁98、104）。
〔註78〕《阿毘達磨俱舍論》卷30〈9破執我品〉（CBETA, T29, No.1558, p.159, a24-28）業的研究，頁105。
〔註79〕《阿毘達磨順正理論》卷35」（CBETA, T29, No.1562, p.541, c14-18）。

至於「相續、轉變、差別」，世親在《俱舍論》中解釋：

> 如是雖言從業生果，而非從彼已壞業生，亦非從業無間生果。但從
> 業相續轉變差別生。何名相續轉變差別？謂業為先後色心起中無間
> 斷，名為相續；即此相續後後剎那異前前生，名為轉變；即此轉變
> 於最後時，有勝功能無間生果勝餘轉變，故名差別。如有取識，正
> 命終時雖帶眾多感後有業所引熏習，而重近起數習所引明了非餘。
> 〔註80〕

《俱舍論》此段第二、三句，即是在批評有部認為「落謝於過去之中的業引生果報」〔註81〕以及「因果同時」的理論。《俱舍論》中已有說明業之體為思，故不會像有部理論中的業，會因色身斷滅而無法相續不斷。業之體為思，故能在色、心之中，均能相續不斷下去，而轉變於差別生起之間，已是異時因果。

有部以色身為存續業力之所，因而產生色身斷滅後業力無法存續的問題。而經部之業以思為體，似乎更為接近原始佛教重視「動機」的觀念。經部將種子作為業力存續的狀態，並且能夠招致業果產生，但同樣會遇到「種子儲存之所」的問題。經部對於這個問題，則以前文所述的世親在《俱舍論》中提到的「色心互熏說」，以色心相互持種，解決了有部業力會隨色身斷滅的矛盾，但以世親在《唯識二十論》中以唯識家的觀點視之，這樣的理論仍然是不夠完善的。至於世親對經部種習論的批判，則留待下一章節討論。

第二節　經部的「心、意、識」結構理論與時間觀

世親在《唯識二十論》中，批判經部「彼業熏習，理應許在識相續中，不在餘處。」窺基《唯識二十論述記》中對此提出，經部認為有情造業時，熏習處是在「識」中或「色根」等中。而世親在《唯識二十論》中所提到的「識相續」中的「識」的意涵，以及窺基對於此處的詮釋，指的是前五識，還是第六識？在本章第一節，筆者推測較符合窺基「熏習處是在『識』中或『色根』等中」之說法的，是眾賢《順正理論》中「上座」的「六處受熏說」以及世親在《俱舍論》中提出的「色心互熏說」，那麼在經部的種習論中，「心」、

〔註80〕《阿毘達磨俱舍論》卷30〈9 破執我品〉（CBETA, T29, No.1558, p.159, a3-13）。
〔註81〕舟橋一哉著，余萬居譯：《業的研究》（台北：法爾出版社，1988年8月）頁
106。

「意」、「識」的意義究竟為何？即是本節首先要討論的重點。

另外，在本章第一節中，提到《俱舍論》中記載的「種子說」，其內涵為「相續、轉變、差別」，按照世親的說法，業因與產生業果之間，的確有時間上的差異。而經部種習論立論的基礎，有兩個在「時間觀」上相當重要的基本理論：「過未無體，現在有體」以及「剎那滅」。在這樣的時間理論上會產生兩個重要的議題：

1、在「現在有體」以及「剎那滅」的時間觀中，經部如何能完整的架構出其種習理論？

2、在「現在有體」以及「剎那滅」的時間觀中，經部如何以「心」、「意」、「識」理論去構築出屬於經部的「認識論」？

以上第一點，即為本節後半段所要處理的重要問題，而第二點的部份則留待第三節「經部的『極微說』及『認識論』」再做探討。

一、經部的「心、意、識」結構

窺基在《唯識二十論述記》中提出，經部認為：有情造業時，熏習處是在識中或色根等中。此處所言經部的「識」之內涵，是前五識亦或第六識，尚須深入探討。而在世親《俱舍論》中提出了經部的「色心互熏說」，此「心」所指涉的意涵為何？經部所認為的「心」、「意」、「識」之內容是否相同，而經部認為「業之體為思」，此「思」與「心」、「意」、「識」有何種關聯，對於瞭解經部的「種習論」是相當重要的線索。故本節將探討的部份為經部所規定的「心」之內涵、「心」與「思」的關係、「心」、「意」、「識」之間的關聯，以及經部對於「心、意、識」結構的理論，對於其種習論的構成是否有重要的影響。

（一）世親《唯識二十論》中有關經部的「識」說

世親《唯識二十論》中，批判了經部的熏習說，關於經部熏習說的內容，在本章第一節已有詳述，此處便不再重述。但在《唯識二十論》以及窺基《唯識二十論述記》中提到有關「識」的部份，則須在本節作出較深入的探討，故在此處仍須將《唯識二十論》批判經部種習論時，所提到有關「識」的部份，列出如下：

> 業熏習餘處，執餘處有果。所熏識有果，不許有何因。〔註82〕（《唯

〔註82〕《唯識二十論》卷 1（CBETA, T31, No.1590, p.75, b2-3）。

識二十論》第六頌）

論曰：執那落迦由自業力生差別大種，起形等轉變，彼業熏習，理
應許在識相續中，不在餘處。有熏習識，汝便不許有果轉變，無熏
習處翻執有果。〔註83〕（《唯識二十論》第六頌長行）

世親第六頌頌文的意思是「經部認爲業熏習處與生果處是不同的，既然
都承認經由業熏習後生起果，那麼爲何不承認唯識所說的在『果生起之處即
在所熏識之中』呢？」而在第六頌的長行中，又提到了「識相續」與「熏習
識」。從第六頌的頌文中，可以看出世親所批判的重點，只是在於經部的「業
熏習處」與「生果處」並不是同一處。雖然在長行中提到「識相續」與「熏
習識」，但由於在《唯識二十論》時期，世親尚未完整提出「阿賴耶識」的思
想，故本處所言的「識相續」，便不會是「阿賴耶識」。而言「有熏習識」，即
是表示經部的熏習說，仍與「識」有關。

而在窺基《唯識二十論述記》中，對於經部的熏習理論的解釋爲「謂造業
時，熏在識中或色根等中，果起之時，不在識內。」〔註84〕，此爲窺基對於《唯
識二十論》原典的理解與詮釋。而在窺基的理中，所謂「熏在識中或色根等中」，
其「識」究竟內涵爲何？在探討此「識」的內涵之前，則必須先釐清世親所批
判的熏習說是屬於何種熏習說。方能更準確的瞭解此「識」的內容。

在第二章第一節中，筆者整理探討了經部的幾種熏習理論，認爲與《唯
識二十論》中所批判的種習論最爲接近的，應該是《俱舍論》中的「色心互
熏說」與《順正理論》中記載上座所提出的「六處受熏說」。

「六處受熏說」的「六處」，指的是「眼、耳、鼻、舌、身、意」六處，
「眼、耳、鼻、舌、身」屬於「色法」，「意」則是屬於「心法」。由於上座是
「無色界有色，無心定有心」的學派，前五處屬於色法，在無色界中仍不會
斷滅；第六處屬於心法，在無心定之中也不會滅絕。故「六處受熏說」便是
建立在這樣的理論上。從本章第一節探討「隨界」的部份，即可知道上座以
「隨界」作爲有情相續展轉的因緣性，將「隨界」說與「六處受熏」結合看
來，隨界就是有情身心相續的本身。而在上座的理論中，對於「果生起」的
說法爲「唯執諸法從無間生。」〔註85〕，上座認爲因與果的關係是「無間所

〔註83〕《唯識二十論》卷 1（CBETA, T31, No.1590, p.75, b2-7）。
〔註84〕《唯識二十論述記》卷 1（CBETA, T43, No.1834, p.989, a24-26）。
〔註85〕《阿毘達磨順正理論》卷 18（CBETA, T29, No.1562, p.441, c24-25）。

生」。既是「無間生起」，似乎便不會有「熏習在此處而果生起在他處」的問題產生。

　　將世親對於經部熏習說的批判與上座「六處受熏說」對照來看，世親批判經部熏習說的重點在於「業熏習餘處，執餘處有果」，也就是熏習與生果之處不同，但從前文推測來看，「六處受熏說」並不符合這一點。

　　另外窺基的解說為熏在「識」中或「色根」中，與「六處受熏說」對照，前五處是屬於「色根」沒錯，那麼「識」指的就是「意」了。但窺基最後又說「果起之時，不在識內」，這樣的說法，並不能完整的批判「六處受熏說」中色根與心法各自能熏習並使果生起的功能。故筆者判斷，世親所批判的熏習說，並不是上座的「六處受熏說」。

　　而世親《俱舍論》中的「色心互熏說」，採取「無色界無色，無心定無心」的立場，「無色界」脫離了物質狀態。而「無心定」指的是「無想定」以及「滅盡定」的兩種狀態，在兩種狀態下，「心」是處於悶絕而斷滅的狀態。〔註86〕那麼在「無色」與「無心」的狀態中，要由什麼來持種呢？世親則提出了經部的說法解釋：

　　　　有餘師言：如生無色，色久時斷，如何於後色復得生？彼生定應由
　　　　心非色，如是出定，心亦應然，由有根身，非由心起。〔註87〕

在「無色界」中，持種者是「心」而非「色」，故不會有斷滅的問題。而在「無想定」與「滅盡定」的狀態中，雖然「心」處於滅絕的狀態，但在仍有「根身」可持種。故為「無色界有心，無心定有色」。

　　對照窺基所言「謂造業時，熏在識中或色根等中，果起之時，不在識內。」的說法，窺基所說的「識」，指的應該就是在無色界是可以持根身種子的「心」。

　　（二）世親「色心互熏說」中的「心」

　　在原始佛教中，並不說心與心所的差別，而是以「五蘊」說來解釋有情身心的相續。「色」為色法，「受」、「想」、「行」、「識」則是心理的作用，而其中的「行」蘊，其定義為「造作」，就是意志的作用，也就是「思」。

　　「心」、「意」、「識」，在原始佛教中，時常相互混用，並未做出明顯的區

〔註86〕《阿毘達磨俱舍論》卷 5〈2 分別根品〉：「二定總以心心所滅為其自性。」（CBETA, T29, No.1558, p.25, c17-18），文中「二定」即為「無想定」及「滅盡定」。

〔註87〕《阿毘達磨俱舍論》卷 5〈2 分別根品〉」（CBETA, T29, No.1558, p.25, c22-25）。

別部派佛教中的論師對於「心」、「意」、「識」這三個概念，多認爲是同一的。而在世親的《俱舍論》中，提到「心」、「意」、「識」三者的關係爲：

（頌曰：）心意識體一，心心所有依、有緣、有行相，相應義有五。

論曰：「集起」故名「心」，「思量」故名「意」，「了別」故名「識」。

復有釋言：淨不淨界，種種差別，故名爲「心」；即此爲他，作所依止，故名爲「意」；作能依止，故名爲「識」。故心意識三名所詮，義雖有異，而體是一。〔註88〕

在《俱舍論》中，世親認爲「心」、「意」、「識」三者，其體爲一，會有「心」、「意」、「識」三者的差別，是從各種不同的功能解釋。

世親在《俱舍論》中，將萬法歸類爲五位七十五法，五位分別爲「色法」、「心法」、「心所有法」、「心不相應行法」、「無爲法」。其中與「心」相關的部份，即爲「心法」與「心所有法」。「心法」指的是「六識」，也就是「眼識」、「耳識」、「鼻識」、「舌識」、「身識」、「意識」。眼、耳、鼻、舌、身根與其對應之五境相合後產生了「前五識」，再由「識」生「觸」，這是認識作用產生的過程。而「意識」則是能夠根據前五識的了別作用進行思考的功能。故「意識」應是與前五識同時並起，或者另有一說是前五識謝滅後，「意識」執取前念而做出思考。而在《俱舍論》中，強調「意」爲「作所依止」，「識」爲「作能依止」，此二者與「心」之間的關聯，在普光《俱舍論記》中解釋：

淨、不淨性種種差別，行相不同，故名爲「心」，即以種種釋心義也；

即此心爲他作所依止，故名爲「意」，即以所依釋意義也；以作能依

止，故名爲「識」，以能依釋識義也。〔註89〕

「心」具有「集起」之義，也就是有情種種經驗的累積，這些經驗，有淨與不淨等種種差別相。而「識」有「了別」義，也就是對事物的認識作用，而「意」則是「思量」，有思考的功能。而對於「心」而言，「意」與「識」只是從不同的功能與面向所給予的不同名稱，而「意」與「識」的關係，按照世親的說法與普光的解說，這個「意」的意義，應該是可對外了別五塵，對內可執取根身的「意識」，而不單只是六識之內的「意識」。〔註90〕此「意識」

〔註88〕《阿毘達磨俱舍論》卷4〈2分別根品〉（CBETA, T29, No.1558, p.21, c18-p.22, a4）。

〔註89〕《俱舍論記》卷4〈2分別根品〉（CBETA, T41, No.1821, p.83, b9-15）。

〔註90〕印順：《佛法概論》（新竹：正聞出版社，2003年四月新版二刷）頁109。

爲前五根以及前五識的所依，「眼、耳、鼻、舌、身」識，必須依根身與境而起，而有情身心，是由「意識」與「根身」交感而成，如果失去意識，根身也將壞死，前五識也就不能生起了。故「識」是「意」的能依，「意」是「識」的所依。

但《俱舍論》將「心」分爲「心法」與「心所法」，在這一點上遵循的是說一切有部的傳統。〔註91〕但世親對於「心法是否必須與數個心所法並起」這一點，並沒有加以評論。〔註92〕而在此處，經部則是持與有部不一樣的看法。

經部對於「心」的主張，從有部論書《婆沙》中的譬喻師，到世親《俱舍論》所提到的經部師，基本上的思想都是一貫的。在《婆沙》中提到：

> 如譬喻師彼説思慮是心差別，無別有體。〔註93〕

「思」、「慮」原是屬於「心所」，但在譬喻師的說法中，「思」與「慮」只是「心」的差別，而不是心外別有心所。而在新有部論師眾賢的《順正理論》中，也提及譬喻師的看法：

> 有譬喻師，說唯有心，無別心所。心想俱時，行相差別，不可得故。

〔註94〕

譬喻師對於「心」的理論，與說一切有部有相當大的差異。有部將「心」區分爲「心」與「心所」，將「心」與「心的功能」區分開，而世親在《俱舍論》中，基本上也是延續有部的立場，並將之以系統化。然而在《俱舍論》中，記載經部師的說法：

> 有餘師言：此內等淨、等持、尋、伺，皆無別體，若無別體心所應
>
> 不成。心分位殊，亦得名心所。〔註95〕

此「餘師」所指，即爲經部師，經部師認爲在「心」之外，並沒有另外的心所，所謂的心所只是「心之差別」而已。所以經部師並不同意有部「心必須同時與數種心所法相應才能生起」。而印順法師在《唯識學探源》中認爲，眾

〔註91〕 水野弘元：《佛教教理研究——水野弘元著作選集（二）》（台北：法鼓文化出版社，2004 年六月初版二刷）頁 336。

〔註92〕 印順法師：《說一切有部爲主的論書與論師之研究》（新竹：正聞出版社，1968）頁 678。

〔註93〕 《阿毘達磨大毘婆沙論》卷 42（CBETA, T27, No.1545, p.216, b23-24）。

〔註94〕 《阿毘達磨順正理論》卷 11（CBETA, T29, No.1562, p.395, a1-3）。

〔註95〕 《阿毘達磨俱舍論》卷 28〈8 分別定品〉（CBETA, T29, No.1558, p.147, b25-27）。

賢《順正理論》所提到的經部上座室利邏多，是屬於有心所派（受想思三法），但是上座認爲心、心所法是前後生起的，不同於有部的同時相應。〔註96〕

　　從以上資料可以知道，在經部系統，對於「心」的說法有二：

1、沒有心所，種種差別相，只是心本身之差別。

2、有心所之名，但不將「心的功能」與「心」分開，「心所」只是「心」
　　的分殊相，仍是與心爲一。

　　再回到《俱舍論》中所提到的「色心互熏說」，其基本立場爲「無想定」以及「滅盡定」時，沒有潛伏不斷的「細心」存在，與其繼承有部論師「心必須同時與數種心所法相應才能生起」的說法有關。

　　關於「細心」，無論是《婆沙》中的譬喻師，或《順正理論》中批判的經部上座室利邏多，都是「滅定有心」說的提倡者，如《婆沙》中的譬喻師說：

> 譬喻師分別論師，執滅盡定細心不滅。彼說：無有有情而無色者，
> 亦無有定而無有心者。若定無心，命根應斷，便名爲死，非謂在定。
> 〔註97〕

《婆沙》中的譬喻師以及分別論者，皆主張「滅盡定」中有不滅之細心，若此細心斷絕，那麼有情生命便爲之斷滅，因此而主張細心的存在，但對於在「滅盡定」中細心的狀態，並未多做解說。而在眾賢《順正理論》中記載的上座細心說，則是：

> 然上座言：思等心所，於滅定中不得生者，由與受想生因同故，非
> 由展轉爲因生故。何謂爲彼所同之因？若謂是觸此位應有，彼許滅
> 定中有心現行故。〔註98〕

上座雖然是屬於經部中的「有心所」派，但是他認爲在「滅盡定」中，並沒有「心所」生，而是有不斷的細心，成爲業因與業果之間的聯繫者。在印順《唯識學探源》中，認爲無論是大眾部、上座分別論者或經部譬喻師，在初期都是將「細心」看成意識的細分，之後發現了經典中細心說的根據，如十八界中的「意界」、緣起支中的「識支」，理論漸完備後，才在六識之外建立了相續的「細心」之說。〔註99〕

〔註96〕印順：《唯識學探源》，（新竹：正聞出版社，2003年新版二刷）頁77。

〔註97〕《阿毘達磨大毘婆沙論》卷152（CBETA, T27, No.1545, p.774, a14-17）。

〔註98〕《阿毘達磨順正理論》卷15（CBETA, T29, No.1562, p.420, b17-20）。

〔註99〕印順：《唯識學探源》，（新竹：正聞出版社，2003年新版二刷）頁49～50。

　　上座的細心說的理論基礎，是認爲「心」、「心所法」，是前後生起的，而非如有部是「心」與「心所法」同時並起。如眾賢《順正理論》中記載上座之言：

　　　　（頌曰）眼色二爲緣，生諸心所法。識觸俱受想，諸行攝有因。

　　　　（論曰）上座釋此伽他義言：說心所者，次第義故。說識言故，不
　　　　離識故，無別有觸。次第義者，據生次第，謂從眼色生於識觸。從
　　　　此復生諸心所法，俱生受等，名心所法。〔註100〕

根境相合生識，根境識三者相合假說爲觸，並不是眞的有觸心所。觸之作用引起等無間緣，引起受，受又引起想、思。所以在整個心與心所法的生起過程，都是次第而非同時的。〔註101〕而上座認爲在「滅盡定」的狀態中，受想都是不起的，只剩下細微的意識，相續不斷。〔註102〕

　　然而在《俱舍論》中，「無想定」、「滅盡定」屬於心不相應行法。「心」不是與「心所」同時生起，而是獨自存在，或者是只有觸而無受、想，是與有部完全背道而馳的理論。世親在對於「心」與「心所」的理論上，遂未力持有部的立場，但也不同意經部上座。世親認爲「無想定」、「滅盡定」無細心存在，明顯的是與經部上座立場相左。「無心定無心」這個理論，《俱舍論》中言世親是承「先代軌範師」之說法，而「先代軌範師」，後代學者認爲應屬於經部師。世親此理論與上座不同，但亦承自經部師先驅，可見在經部的內部中，對於同一個議題本就存有不同甚至相對的看法。

　　因爲世親不承認在「無想定」、「滅盡定」中有相續不斷的細心存在，故在《俱舍論》「色心互熏說」中的「心」，筆者認爲應是指在「無想定」、「滅盡定」中悶絕、無作用的心法，也就是眼、耳、鼻、舌、身、意識。至於《唯識二十論》中，批判經部許熏習處在「識相續」中，但其生果處在餘處，窺基《述記》中所說的「熏在識中」的「識」，指的也就是心法中的「六識」。

〔註100〕《阿毘達磨順正理論》卷10（CBETA, T29, No.1562, p.385, b13-18）。
〔註101〕《阿毘達磨順正理論》卷10：「觸非心所，說識言者，謂於此中，現見說識。
　　　　故觸是心，非心所法。不離識者，謂不離識而可有觸，識前定無和合義故。
　　　　假名心所，而無別體。」（CBETA, T29, No.1562, p.385, b18-21）；《阿毘達磨
　　　　順正理論》卷10：「由彼義宗：根境無間，識方得起。從識無間，受乃得生。」
　　　　（CBETA, T29, No.1562, p.386, b19-20）。
〔註102〕印順：《唯識學探源》，（新竹：正聞出版社，2003年新版二刷）頁78～79。

二、經部的「時間觀」

世親在《俱舍論》中，提到種子的特色是「相續、轉變、差別」，所以在世親「種子」理論中，業因到業果的產生之間是有時間上的差別。而在本節前半段探討「心」、「意」、「識」的部份，亦說明了眾賢《順正理論》中所記載的經部上座室利邏多，認爲整個心與心所法的生起過程，都是次第而非同時的。在此筆者認爲必須更進一步的探討，對於經部而言，業因的產生到業果生起之間的過程以及心與心所法生起的過程，是建立在怎樣的時間理論上。

由於經部與有部立場相對，經部的理論多爲反對有部而起，而在「時間觀」上，更是有著根本上的差異。若要理解經部的「時間觀」，那麼就必須先說明有部的時間觀。故本段將先陳述有部的時間觀——「三世實有」與「因果同時」，接下來再提出經部的立場。

（一）有部的「時間觀」——「三世實有」

「說一切有部」以其教義「說一切有」而立爲部名，顯見「說一切有」的理論，是有部學說中非常重要的基本思想。「說一切有」本是以有部主張「三世實有」而得名的。也就是：一切有爲法在未生起以前就已經存在，此爲未來有；而一切有爲法滅去後，其本質仍是存在的，此爲過去有；一切有爲法在時間的活動裡，是自未來至現在，自現在到過去的。故雖然在時間上有過去、現在、未來三世的差異，但其法體恆有而體性一如的。

但「三世實有」說之型態爲何，在說一切有部的內部，也有不同的說法。在《大毘婆沙論》中即指出有部四大論師對「三世實有」的不同解釋：

> 說一切有部有四大論師，各別建立三世有異。謂尊者法救說類有異；
>
> 尊者妙音說相有異；尊者世友說位有異；尊者覺天說待有異。〔註103〕

法救說「類有異」，妙音說「相有異」，世友說「位有異」，覺天說「待有異」。對於這四種說法，印順法師在《說一切有部爲主的論書與論師研究》指出毘婆沙師們最推崇的，爲世友的「位有異」說，〔註104〕呂澂也在其作《印度佛學源流略論》中言，經後人之評定，以世友之說最爲合理。〔註105〕而這兩位學者說法的依據，則是出自是世親《俱舍論》中，認爲世友之說爲最善。〔註106〕

〔註103〕《阿毘達磨大毘婆沙論》卷 77（CBETA, T27, No.1545, p.396, a13-16）。
〔註104〕印順《說一切有部爲主的論書與論師之研究》（新竹：正聞出版社，1968）頁 198。
〔註105〕呂澂《印度佛學源流略論》（台北：大千出版社，2008 年四月二版一刷）頁 97。
〔註106〕《阿毘達磨俱舍論》卷 20〈5 分別隨眠品〉：「第一執法有轉變故，應置數論

世友的「位有異」說，內容為：

> 說位異者，彼謂諸法於世轉時，由位有異非體有異。如運一籌，置
> 一位名一；置十位名十；置百位名百。雖歷位有異而籌體無異。如
> 是諸法經三世位，雖得三名而體無別。此師所立世無雜亂，以依作
> 用立三世別，謂有為法未有作用名未來世，正有作用名現在世，作
> 用已滅名過去世。〔註107〕

世友認為三世的位置不同，如同籌碼為一，那麼放在十位則為十，放在百位
則為百，故雖歷有三世之名，但其體是一的。但籌碼之喻，事實上是不恰當
的，因為這樣易讓人誤以為「三世」是有固定的「位置」，也難以解釋三世之
生滅。而這個「位」，指的並不是固定的「位置」，「位」指的是「作用」。這
個「作用」，眾賢《順正理論》為之解釋為「唯引自果名作用故。」〔註108〕，
「作用」是具有引果功能的。「有為法」未起作用為「未來世」，有為法正在
作用為「現在世」，有為法作用消失為「過去世」。然而有部的基本立場就是
「法體恆存」，故不管作用是生是滅，其體性是如一的，而過去、現在、未來
的差別，也只是「作用」的差別而已。

那麼說一切有部的「法體」與「作用」，其關係為何？根據《順正理論》
中的解釋，這兩者的關係是「不一不異」的。眾賢以「雙非」的方式解釋「法

外道朋中。第二所立世相雜亂，三世皆有三世相故。人於妻室貪現行時，於
餘境貪唯有成就，現無貪起何義為同。第四所立前後相待，一世法中應有三
世，謂過去世前後剎那，應名去來中為現在，未來現在類亦應然。故此四中
第三最善，以約作用位有差別，由位不同立世有異，彼謂諸法作用未有名為
未來，有作用時名為現在，作用已滅名為過去。非體有殊，此已具知。彼應
復說：若去來世體亦實有應名現在，何謂去來？豈不前言約作用立？若爾現
在有眼等根彼同分攝有何作用？彼豈不能取果與果，是則過去同類同等既能
與果。應有作用，有半作用世相應雜。」（CBETA, T29, No.1558, p.104,
c20-p.105, a5）。

〔註107〕《阿毘達磨大毘婆沙論》卷77（CBETA, T27, No.1545, p.396, b1-8）。

〔註108〕《阿毘達磨順正理論》卷 52：「是法差別而不可言與法體異，如何不異而有
差別？如何汝宗於善心內，有不善等別類諸法，所引差別種子功能，非異善
心而有差別？又何種子非同品類，又彼上座即苦受體，如何說有攝益差別？
又如諸受領納相同，於中非無樂等差別；又如汝等於相續住，雖前後念法相
不殊，外緣亦同而前後異。若不爾者異相應無，如火等緣所念之物，雖前後
念龕住相同，而諸剎那非無細異。我宗亦爾，法體雖住而遇別緣，或法爾力
於法體上差別用起，本無今有，有已還無，法體如前自相**恆**住，此於理教有
何相違？前已辨成體相無異，諸法性類非無差別，體相性類非異非一。」
（CBETA, T29, No.1562, p.631, c14）。

體」與「作用」間的關係，因爲「作用」是依法體而起的，所以說是「不異」，而法體亦有起作用或未起作用之時，故說「不一」。故對說一切有部而言，生滅的是「作用」，而「法體」是恆存的，其體性是一如的。「作用」與「法體」之間是無法切割的。

執有如此「三世實有」的立場，既然法體恆存，可引果並跨越三世，，那麼有部自然不需要在業因與業果之間，另立一個可相續不斷、跨越三世的連結體。而有部爲解釋業力所提出的「無表業」之說，仍能依附於色法之中。如此的說法，當然爲持「過未無體」、「刹那滅」之立場的經部所反對。

（二）經部的「時間觀」──「過未無體」與「刹那滅」

1、過未無體

說一切有部的時間觀爲「三世實有」，而經部對三世的解說，從《成唯識論了義燈》中可知：

> 然立三世諸宗不同。如一說部，三世但言都無實體。若出世部，依法立世，世間是假世亦假，出世實世亦實。大眾、經部等，過、未是假，現在是實。若薩婆多，三世俱實。〔註109〕

經部反對有部的「三世實有」說，採取「過、未無體」的立場，而在有部論書《大毘婆沙論》中，已可見到有關「過、未無體」的說法：

> 謂或有說：過去未來無實體性，現在雖有而是無爲。〔註110〕

演培法師在《印度部派佛教思想觀》〔註111〕、印順法師在《性空學探源》〔註112〕中，皆說明此爲大眾分別說系的看法。〔註113〕大眾分別說系認爲，過去未來皆是沒有實體性的，而現在雖然是「有」，但其性質上是「無爲」的。何謂「無爲」？根據《大毘婆沙論》的記載，「無爲」乃不依屬因緣和合的作用，無生無滅、無因無果。〔註114〕「無爲」不因因緣和合而生、不爲無常所滅、不流轉於世亦不

〔註109〕《成唯識論了義燈》卷 4（CBETA, T43, No.1832, p.728, b10-14）。

〔註110〕《阿毘達磨大毘婆沙論》卷 13（CBETA, T27, No.1545, p.65, b26-29）。

〔註111〕釋演培著：《印度部派佛教思想觀》，（台北：天華出版社，1999 年二刷）頁 140。

〔註112〕印順著：《性空學探源》（新竹：正聞出版社，2003 年新版二刷）頁 190。

〔註113〕印順法師在《性空學探源》（新竹：正聞出版社，2003 年新版二刷）頁 189 中，說《異部宗輪論》「現在無爲是有」是大眾分別說系的說法，但在《異部宗輪論》中，此爲說一切有部所分出的「化地部」之說法。

〔註114〕《阿毘達磨大毘婆沙論》卷 76：「答若法有生有滅、有因有果、得有爲相，是有爲義；若法無生無滅、無因無果、得無爲相，是無爲義。復次，若法依

取果。從「無爲」的特質看來，因爲不滅、不流轉又不取果，故在時間是沒有「過去」和「未來」之分的，因爲每一刹那都是「現在」。此說法雖說「過去未來無實體性」，但事實上卻是將法體存在的重點放在「現在」，既然每一刻都是「現在」，那麼就理論上而言，似乎便沒有「過去」、「未來」之分別。〔註115〕

而在「過、爲無體」的另外一派說法，則是認爲「現在有體」是「有爲」的。〔註116〕在玄奘《成唯識論》中提到「過去未來非實有故」〔註117〕，窺基的《成唯識論述記》解釋爲：

述曰：彼論釋言，非過去煩惱生今煩惱等，經部師計去、來無故。〔註118〕

從《成唯識論述記》中，可以知道經部師是主張「過去」與「未來」是「無體」的，而經部如何解說「過、未無體」與前引《成唯識論了義燈》中所說的「現在是實」，則爲本節探討之重點。

去來二世體實有者，我等亦說有去來世，謂過去世曾有名有，未來當有，有果因故。依如是義說有去來，非謂去來如現實有。誰言彼有如現在世，非如現世彼有云何？彼有去來二世自性。此復應詰：若俱是有，如何可言是去來性？故說彼有，但據曾當因果二性，非體實有。〔註119〕

屬因緣和合作用，是有爲義；若法不依屬因緣和合作用，是無爲義。復次，若法爲生所起、爲老所衰、爲無常所滅，是有爲義；與此相違是無爲義。復次，若法流轉於世、能取果、有作用分別所緣，是有爲義，與此相違是無爲義。復次，若法墮世墮蘊與苦相續，前後變易有下中上，是有爲義，與此相違是無爲義。」（CBETA, T27, No.1545, p.392, c19-29）。

〔註115〕印順法師在《性空學探源》中指出：「一切法是念念恆住如如不動，沒有過未差別，就在當下把握。至於我們平常感覺到的從未來到現在，從現在到過去的無常生滅，只是法的假相，不是眞實。這思想或是大眾系的；它比過未無而現在有爲派，更能接近有部的見解。有部說：一切法三世恆住，只在作用上分別過現未；此一派說：凡是實在的，都在當下法體恆存，根本沒有三世差別，不用談過未。這二者的出入很有限；只是一者側重在不離體的作用上立三世，一者直從恆住的法體上立現在，揚棄了假名虛妄的過未（有如有部法體的恆住）。」（印順：《性空學探源》頁189。

〔註116〕印順：《性空學探源》（新竹：正聞出版社，2003年二刷）頁190。

〔註117〕《成唯識論》卷4（CBETA, T31, No.1585, p.19, a1）。

〔註118〕《成唯識論述記》卷4（CBETA, T43, No.1830, p.374, b26-28）。

〔註119〕《阿毘達磨俱舍論》卷20〈5 分別隨眠品〉（CBETA, T29, No.1558, p.105, b4-10）。

經部對說一切有部主張「去來世爲有」的理論提出質疑，[註120] 若三世俱是實有而法體恆存，那麼如何解釋時間有過去未來之別？而經部對於「去、來」二是無體的解釋則爲：從「因果」的角度，去說「過去」與「未來」。經部對於因果之間的說明，如前節所述，是以「相續、轉變、差別」做爲聯結，而在這樣相續不斷的變化中，說明「現在法」，是從過去的因相續轉變而來，而在現生的法中，也含有成爲後起之法的因。故經部是以「實有而有爲」的現在法作爲基礎，再從因果之間「相續轉變」的角度，去定位「過去」以及「未來」，故「過去」與「未來」，是無體的。

　　若「過未無體」，那麼法的生、滅又是如何的狀態呢？關於這個問題，經部所採取的立場爲「刹那滅」。與有部所主張的「三世法體恆存」大相逕庭，經部認爲「法」是「刹那滅」的。故爲理解在「過未無體」的狀態中，法生、滅的狀況，則需要對「刹那滅」理論作一說明。

　　2、刹那滅

　　經部的「刹那滅」理論，可從世親的《俱舍論》中窺之：

> 諸有爲法皆有刹那，其理極成，後必盡故。謂有爲法滅不待因，所以者何？待因謂果，滅無非果，故不待因。滅既不待因，纔生已即滅。若初不滅，後亦應然，以後與初有性等故。既後有盡，知前有滅，若後有異方可滅者，不應即此而名有異，即此相異，理必不然。
>
> [註121]

在普光《俱舍論記》中，記載此段爲經部的說法。關於此段論文，在陳世賢博士論文《「法體」與「時間」關係之研究——以《俱舍論》與《順正理論》對「三世實有」之論辯爲主》第二章第三節「時間假名論」中分六點，敘述《俱舍論》此段論文對經部刹那滅的解釋。[註122]

　　此段對於經部「刹那滅」理論的解釋，要言之即爲：「滅」無實體，非果，

[註120]《俱舍論記》卷 20〈5 分別隨眠品〉：「彼有去、來二世自性者。說一切有部答：謂過去有過去自性，未來有未來自性。此復應詰：至去來性不成者。經部復詰：若去、來世體俱是有，如何可言是去、來性二世差別？故說彼有，據曾有因，據當有果，非體實有。」（CBETA, T41, No.1821, p.312, a12-17）。

[註121]《阿毘達磨俱舍論》卷 13〈4 分別業品〉（CBETA, T29, No.1558, p.67, c16-22）。

[註122] 陳世賢：《「法體」與「時間」關係之研究——以《俱舍論》與《順正理論》對「三世實有」之論辯爲主》，（中國文化大學哲學研究所博士論文，2008 年出版）頁 60～61。

故不待因。因為滅不待因，所以當有為法生起之時，自然便會謝滅。在經部的理論中，法的體性必須一致，故法若生起時未謝滅，那麼此法便會一直延續下去，不會謝滅。但有為法終有壞滅之時，可知法是必定會謝滅的，故法前後之體性是一致的。

質疑者則對經部此說提出疑問：就是因為有為法在較後的時刻有與前法有異，所以才會謝滅，故體性是不同的。在普光《俱舍論記》中，對此提出了解釋：

> 汝若救云：色等後位有體異，前方可滅者。夫言異者，兩法相望，後位之時，不應即此前位法體，而名有異。即此前法體相有異，理必不然。〔註123〕

前法與後法，同為暫住之一法，體性必須一如，故不會有前後的差異。

經部此說，仍然回歸到最初的理論：「法的體性必須一致」。故法從生起至剎那滅的瞬間，是一致不變的。而剎那滅的法法之間，其因果關係要如何解釋？就要從兩個方面來說：

1、法之生滅

在普光《俱舍論記》中言：

> 若依經部，諸法生時，由客因生；諸法滅時，非客因滅。主因無體，不可言因。又解經部生滅雖無實體，然假說有，諸法生時由主、客因生；諸法滅時，不由因滅。如擲物在空，去由人力，下即不由。
>
> 〔註124〕

經部的理論是「過未無體」，諸法生時，因已謝滅，果尚未起。但在說明之時，「因」與「果」仍可假名為有，諸法待因而起，但其謝滅，則根據前述，「滅」並非「果」，故不需要因來引生，在法生起之時，法便註定要自然謝落。

2、因如何生果

經部由「業」招感「果」的過程，按前節所述，是由種子的「相續、轉變、差別」功能做為聯結。「相續、轉變、差別」在前節已有詳述，故此處不再贅述。

在「業」招感「果」的過程中，經歷了「相續、轉變、差別」的變化，正因法是「剎那滅」的，故經部須提出這樣的說法，來說明業因如何感果。「法」

〔註123〕《俱舍論記》卷13〈4分別業品〉（CBETA, T41, No.1821, p.202, a18-21）。
〔註124〕《俱舍論記》卷13〈4分別業品〉（CBETA, T41, No.1821, p.202, a3-10）。

由前因所熏之種子經過「相續、轉變、差別」而生，而「現法」自然謝滅後，其潛在力又復熏爲種子。故在「過未無體」與「刹那滅」的時間觀上，提出「種子熏習說」作爲解釋「業」招感「果」的過程，是必須的。

第三節　經部的「極微說」與「認識論」

世親《唯識二十論》第四頌到第六頌中，世親以獄卒作爲「唯識無境，四義得成」的例子，破除其他派別對於「獄卒爲實有」的異說。此內容在本章第一、二節已有詳細討論，此處便不再贅述。而第七頌到第九頌，則是論外人引聖教不成以及示「二無我」之義。

在第六頌頌文的最後，唯識家反問詰難者，爲何執非熏習之處爲生果處？詰難者引聖教，認爲若按唯識家萬法唯識所現的理論，那麼世尊便不應說有「色等處」，既世尊已明言有色等處，那麼唯識家不承認識外有實境，便是違反了聖教量。唯識家於第七頌中，認爲世尊言有色等處，是爲了渡化有情的權便之說，是爲了破除有情執著於實我所設的「密意說」。〔註125〕而在第八頌中，說明了唯識家認爲世尊眞正的意思，是認爲內外十處是「識從自種生，似境相而轉。」。故世尊說色等處，並非眞認爲有離識實有的境。並在第九頌中明言世尊如此之密意趣，是爲了破有情眾生所執的「人有」與「法有」，揭示「人無我」及「法無我」之深意。

在第九頌的論文最後，詰難者提出：

> 復，云何知佛依如是密意趣，說有色等處，非別實有色等外法，爲色等識各別境耶？（《唯識二十論》第九頌長行）〔註126〕

既然世尊爲了破除有情對實我執著，以分析之方式讓有情瞭解「我」並不是一個不變眞實恆常的存在的個體，「色等十處」乃是爲渡化充滿「我執」之有情的權宜說法。那麼詰難者又提出如上引文中之質問，繼續追問唯識家是如何知道佛說色等十爲「密意趣」，而非有眞實外境的存在。

唯識家在此並沒有引經據典，正面回答「如何得知」，而是採「以破爲立」

〔註125〕此說法在《唯識二十論》的第七頌頌文與論文中：「依彼所化生，世尊密意趣。說有色等處，如化生有情。論曰：如佛說有化生有情，彼但依心相續不斷能往後世密意趣說，不說實有化生有情，說無有情我但有法因故。說色等處契經亦爾，依所化生宜受彼教。」（CBETA, T31, No.1590, p.75, b10-15）。
〔註126〕《唯識二十論》卷1（CBETA, T31, No.1590, p.75, c13-14）。

實恆常的存在，執極微爲實有，與唯識家認爲萬法唯識所現的教理是相牴觸的。故在《唯識二十論》中的第十頌到第十三頌中，唯識家站在「萬法爲識所現」的立場，破斥部派認爲外境由極微所組成的理論。由極微本身之不成立，進而證實「外境非實有」之中心思想。

本節主要探討的問題，是《唯識二十論》中所批判的「經部極微說」、以「極微說」爲基礎所開展的經部「外境」理論，以及經部對於「認識如何可能」這一項重要議題的理論。故本節將先引述世親《唯識二十論》中對於「經部極微說」的說法，並從各種論典資料回溯經部本身的極微說內容，再進一步探討經部對於外境的認識理論。

一、《唯識二十論》中的經部的「極微說」

極微說並非佛教所獨創，在印度傳統思想中，已用極微作爲物質分析到最小的單位。如古印度六派哲學中的勝論派，認爲極微爲實有，其性質是「無部分」，是恆常的，〔註127〕且無有生滅。是恆常存在眞實的物質要素，就算世界壞滅之時，只是散到空間之中，並不會消失。待世界再成之時，便重新聚合。〔註128〕

原始佛教中並未提及「極微」，最早提及極微的，是有部論書《阿毘達摩大毘婆沙論》。〔註129〕日本學者水野弘元在其著作《佛教教理研究——水野弘元著作選集（二）》中認爲，極微是將物質分割後最小極限的微粒子，是從「色法」占有空間的「質礙性」上，來看物質的大小，故其對於極微的思考，與只考察物質之「性質」的阿毘達磨佛教有所不同。〔註130〕

〔註127〕Surendranath Dasgupta 著，林煌洲譯：《印度哲學史》，（台北：編譯館，1996年）頁 282。
〔註128〕于凌波：《唯識三論今詮》，（台北：東大出版社，1994.04）頁 117。
〔註129〕水野弘元著，釋惠敏譯：《佛教教理研究——水野弘元著作選集（二）》中言：「在佛教文獻中，最初說極微的，是屬於註釋書時代的《大毘婆沙論》，在〈*原始佛教〉的尼柯耶、阿含不用說，各部派的根本阿毗達磨，也完全沒有極微思想。在《大毘婆沙論》以後，才爲有部的各論書、龍樹的《大智度論》、經部及瑜伽行派各論書等所說。」（台北：法鼓文化出版，2004.06 出版二刷）頁 450。
〔註130〕同上註，另對於阿毘達磨的色法說，作者認爲「巴利佛教或有部，在說色聚時，認爲具體存在的物質，必須由八種以上的色法所合成。至於形成此場合的色聚之個別色法是什麼樣子？他並非如前所詳述的物質，而是指物質的性質能力等屬性。」如堅煖動等性質，或色香味等屬性。

原始佛教對於色法的界定，認爲其爲一切四大種，及四大種所造，〔註131〕此時的四大，應較接近原始的印度思想，認爲「地、水、火、風」是物質性的元素，而色法是由這些物質性的元素所組成。到了阿毘達磨時代，色法的組成要素已有所改變，變成由四大種的性質如「堅、濕、煖、動」所合成。而另一與色法存在有關的便是極微說。在《俱舍論》中對極微的解釋爲：

分析諸色至一極微。故一極微爲色極少。〔註132〕

將色法依分爲二、二分爲四的切割下去，到最後分到不能再分，這樣的微小單位就是極微。這部分與原本傳統印度思想中的極微是相同的。另外以在有部的論書中，對極微的說法爲七極微成阿耨，七耨成銅塵，七阿耨爲銅上塵，七銅上塵爲水上塵，七水上塵爲一兔毫上塵，七兔毫上塵爲一羊毛上塵。七羊毛塵成一牛毛塵，七牛毛塵成一向遊塵，七向遊塵成一蟣，七蟣成一蝨，七蝨成一穬麥。七穬麥爲一指，二十四指量爲一肘。〔註133〕按照這樣的說法，極微似乎是組成色法的元素。而極微與四大對於色法而言，應該是「一物質分割到最後，佔有空間最小單位」與「物體本身性質」兩者的問題。

在日本學者舟橋一哉《業的研究》一書中，將極微分成「能造之極微」與「所造之極微」。若能造與所造各是獨立存在的實體，那麼「所造」是「由四大所造」這件事是否仍成立？對於這個問題，舟橋認爲不應以「氫氧化合

〔註131〕《緣起經》卷1：「云何爲色？謂諸所有色，一切四大種，及四大種所造。」（CBETA, T02, No.124, p.547, c10-11）。

〔註132〕《阿毘達磨俱舍論》卷12〈3 分別世品〉（CBETA, T29, No.1558, p.62, a18-19）。

〔註133〕這個說法在《大毘婆沙論》與《雜阿毘曇心論》中均有記載。《雜阿毘曇心論》卷2〈2 行品〉：「七微成阿耨，七耨成銅塵，水兔羊毛塵，當知從七起。七極微成一阿耨，彼是最細色，天眼能見，及菩薩轉輪王見。七阿耨爲銅上塵，七銅上塵爲水上塵，七水上塵爲一兔毫上塵，七兔毫上塵爲一羊毛上塵。牛毛户向塵，蟣蝨穬麥等，小大是轉增，皆從七數起。七羊毛塵成一牛毛塵，七牛毛塵成一向遊塵，七向遊塵成一蟣，七蟣成一蝨，七蝨成一穬麥。如是七穬麥，轉增爲一指，二十四指量，名之爲一肘。穬麥爲一指。二十四指爲一肘。」（CBETA, T28, No.1552, p.886, c9-p.887, b6）、《阿毘達磨大毘婆沙論》卷136：「此七極微成一微塵，是眼眼識所取色中最微細者，此唯三種眼見，一天眼，二轉輪王眼，三住後有菩薩眼。七微塵成一銅塵，有說，此七成一水塵，七銅塵成一水塵。有說，此七成一銅塵。七水塵成一兔毫塵。有說，七銅塵成一兔毫塵，七兔毫塵成一羊毛塵，七羊毛塵成一牛毛塵，七牛毛塵成一向遊塵，七向遊塵成一蟣，七蟣成一蝨，七蝨成一穬麥，七穬麥成指一節，二十四指節成一肘，四肘爲一弓，去村五百弓，名阿練若處。」（CBETA, T27, No.1545, p.702, a9-19）。

為水」的思考方式去理解四大與所造之間的關係，而是要以「能依與所依」去理解。據《俱舍論》所言，四大對所造有「五因」之義，由五因之義可看出能造與所造都是獨立之實法，所造以能造為所依。故舟橋認為「四大亦係極微」。〔註134〕在佛教理論中引用極微說是否恰當，歷來爭論不休。而直接設各部派之極微說並駁斥之，則見於世親的《唯識二十論》。

（一）世親《唯識二十論》中所批判的「極微說」

1、毘婆沙師「五識可緣一一極微說」

據前所引《二十論》第十頌的頌文中之「亦非多極微」，在窺基的記載中是古薩婆多部中毘婆沙師的看法。長行中對「多極微」的說明，是指「五識可緣為一一的極微」，此外並未再多做詳細的解釋。窺基在《述記》中則是有以下的詮釋：

> 此師意說：如色處等，體是多法，為眼識境，所以者何？其一一極微，體是實有，合成阿耨，阿耨是假，故此以上皆非實有。五識既緣實法為境故，不緣於阿耨以上和合假色。故色處等，為眼識等境時，其實極微，一一各別，為眼識等境，不緣假故，以有實體能生識故。〔註135〕

據窺基的解說，毘婆沙師的理論有兩個重點：

（1）為認為極微本身的性質是實有的、物質性的

（2）五識所緣必需是實法。

依以上兩個重要前提推論，極微聚集而成的阿耨色是假法，那麼比阿耨色更粗的色法，必然也是假法。既然識只能緣實境，那麼假法自然不為五識所緣，五識所緣的，便是真實存在、一一個別的極微。

2、經部「極微和合說」

《二十論》第十頌的頌文中，「又非和合等」，在窺基的記載中是經部的看法。第十頌長行中，世親並沒有對何謂「和合」做出解釋，只能知道應是眾多極微一種聚合的方式。而在窺基的《述記》中有較詳細的解說：

> 謂經部師，實有極微，非五識境，五識上無極微相故，此七和合，

〔註134〕舟橋一哉著，余萬居譯：《業的研究》，（台北：法爾出版社，1988.01.01）頁142～143。

〔註135〕《唯識二十論述記》卷2（CBETA, T43, No.1834, p.992, c9-15）。

成阿耨色。以上麁顯，體雖是假，五識之上有此相故，爲五識境，一一實微，既不緣著，故須和合成一麁假。五識方緣，故論說言實有眾微皆共和合。〔註136〕

窺基所解說的經部極微理論有兩個重點：

（1）極微是實有的。

（2）五識不能緣極微相。

故經部的說法和毘婆沙師相反。毘婆沙師認爲五識只能緣一一極微實相，而不能緣一一極微聚合而成的假法，因假法非實故。而經部認爲，五識不能緣一一極微，但可緣一一極微所和合而成的粗色。

世親對於「和合之說」，在長行中只有一句結論：「一實極微理不成故」，但筆者認爲眞正徹底推翻經部極微說，還須朝兩個方向，一從「有無方分」的角度探討「極微」是否成立；二爲「和合」理論自身的矛盾。故第十一頌與十三頌雖主要在論證極微非實有，但亦可間接的證明以上兩點。至於世親如何批判經部說，以及批判是否得當，則留待第四章討論。而世親最後亦批判眾賢《順正理論》中的極微「和集」說，由於「和集」說亦是順正理師在站在反對經部極微「和合」說的立場所提出的反論，筆者認爲可從《順正理論》中，眾賢批判「和合說」提倡「和集說」的部份，逆向推知上座「和合說」的要點，故將眾賢批判「和合說」提倡「和集說」的部份，放入本節「（二）經部的極微說」中第一點「眾賢《順正理論》中記載上座的『極微說』」中一併探討，以補充上座「和合說」資料之不足。

（二）《唯識二十論》中所批判的經部的極微說

新有部論師眾賢所作之《順正理論》中，記載了經部上座的「極微」說：

此中上座作如是言：五識依緣俱非實有，極微一一不成所依所緣事故。眾微和合，方成所依所緣事故。〔註137〕

在《順正理論》中所記載之經部說，以上座室利邏多爲主。窺基所撰《成唯識論述記》中記載，室利邏多造經部根本毘婆沙，但已失傳。〔註138〕其主要

〔註136〕《唯識二十論述記》卷2（CBETA, T43, No.1834, p.992, c20-25）。

〔註137〕《阿毘達磨順正理論》卷4（CBETA, T29, No.1562, p.350, c5-7）。

〔註138〕《成唯識論述記》卷4：「譬喻師是經部異師，即日出論者，是名經部。此有三種：一根本即鳩摩羅多，二室利邏多，造經部毘婆沙，正理所言上座是。」（CBETA, T43, No.1830, p.358, a9-12）。

思想，散見於《順正理論》中。〔註139〕按《順正理論》中記載上座的極微理論，認爲一一個別的極微不能爲五識所緣，只有眾微和合之色，方能成爲五識的所依與所緣。

　　五識的「所依」爲「五蘊」，「所緣」爲「五處」，而上座認爲，五識的「所依」與「所緣」皆非實有。所以在上座的理論中，「五蘊」與「五處」，都不是實有的。而「五蘊」、「五處」雖非實有，但仍能爲五識所緣的原因就在於「五蘊」、「五處」皆爲極微「和合」而成，既爲「和合」而成，便是「假有」。此「假有」方能爲五識之「所依」與「所緣」。

　　但從上述《順正理論》的引文中，只能知道五識的「所依」、「所緣」皆爲「極微」和合的「假有」，不能眞正理解上座本身對於「極微」的定義，以及上座「和合」理論的內容，故筆者認爲欲審視世親與窺基的對於此說的批判前，必須先從這兩方面深入探討。

　　首先是上座對於「極微」的說法，眾賢《順正理論》中提到：

　　　　然彼上座，於此復言：諸極微體，即是方分，如何有體？言無方分。
〔註140〕

在《順正理論》中，記載上座對於「極微」的說法，上座認爲諸極微所和合之體，是有方分的，但極微本身是無方分的。而正是因爲「極微」是無方分的，才能夠「泯滅自體的融合」。而眾賢亦質疑，極微本身無方分，那麼泯滅自體和合而成的和合體，又怎麼會有方分？在《順正理論》中又記載了上座轉救的另一種說法：

　　　　又上座說：二類極微，俱無分故，住處無別。此亦非理。彼論自言：
　　　　有說極微處不相障，是宗有失，違聖教中有對言故。何緣復說二類
　　　　極微，俱無分故？住處無別。又彼所言，即由此故。許依同處說不
　　　　相離，又言極少許五極微，同在一處，不相妨礙，此皆非理。〔註141〕

《順正理論》在此處引用上座轉救之說，上座轉救的說法是，不管是「極微」本身或極微和合而成的「極微和合體」，都是無方分的。這樣就「和合」的理

〔註139〕在呂澂〈略述經部學〉一文中，室利邏多造經部根本毘婆沙一事，在《西域記》卷五中亦有記載。另文中言：「室利邏多的重要主張，散見於唐譯《順正理論》（論中引文稱他上座而不名）。」（呂澂：〈略述經部學〉《印度佛學源流略論》，大千出版社，2008.04 二版一刷，頁 490）。

〔註140〕《阿毘達磨順正理論》卷 8（CBETA, T29, No.1562, p.372, b6-8）。

〔註141〕《阿毘達磨順正理論》卷 8（CBETA, T29, No.1562, p.372, b13-19）。

論來說,似乎就沒有矛盾之處。但「無方分」的特色,就是沒有上、下、左、右、前、後、中之分別,不能切割,也不佔有空間,若極微和合體亦是「無方分」,那麼就違背了聖教中,色法是「有對」,也就是有質礙性的說法。

從上述《順正理論》中之引文,可知上座以「極微和合」說,說明「極微」與「法」之間的關連,「法」是由「極微」和合而成,而上座認爲極微本身是「無方分」的,但是在「無方分的極微」如何產生「有對」的「法」,從《順正理論》中的記載看來,上座本身似乎也無法自圓其說。而「無方分的極微」是不能被五識所緣的,要其「和合體」方能成爲五識的所依與所緣。而身爲「極微和合體」的「根」與「境」要如何與「識」相合產生「觸」,便是本文接下來要探討的重點。在探討經部上座「認識論」的過程後,筆者亦將以經部「認識論」的角度回頭審視經部的「極微和合說」是否合理。

二、經部的「認識論」

佛教對於外境的認識,其經據可見於《雜阿含經》的經文:

> 如是緣眼色,生眼識。三事和合觸,觸俱生受、想、思。〔註142〕

根、境、識三者和合而生觸,這是佛教共通的理論。但對於根、境、識相合以及產生觸的過程,不同部派卻有著不同的見解。

在說一切有部的認識論中,觸是屬於心所之一,當眼等根接觸到眼等境,產生眼等識,都是同時並起的,並沒有時間上的差距。

而經部的認識論,則須從其如何解釋所緣外境之性質說起。在眾賢《順正理論》中記載的經部上座室利邏多,仍然肯定極微的說法,表示經部仍然肯定將「物質」分析到最後,仍然會存在一不滅的最小單位。但從本節的前半段所探討的經部上座「極微說」中可以知道,上座認爲五識不能緣一一極微實體,而只能緣由一一極微所和合的「假相」。

既然上座認爲「五識依緣俱非實有」,那麼也就是說前五根與前五境,都是極微和合的假相,故是假有。而十處是假,那麼法處和意處也不能是實有。在這樣的理論下,經部上座如何解說有情如何去「認識」這些假有的「境」呢?筆者認爲可以從眾賢在《順正理論》所引述的上座認識論,以及眾賢對於上座認識論的批判,試圖探討上座的看法:

〔註142〕《雜阿含經》卷11(CBETA, T02, No.99, p.72, c9-10)。

復作是言：謂從眼、色生於識、觸，從此復生受等心所。〔註143〕

從上述引文中，只能知道在上座的認識論中，是從眼根與色境相合後產生識、觸，再產生受、想、思等心所，與《雜阿含經》的經文相似。但對於產生過程並沒有描述。接下來再看《順正理論》中的另一條引文：

既許所觸，滅入過去，第三剎那，受方得起，是則所觸於受起時。

體滅時隔，有何生用？〔註144〕

從本段引文中可以知道，眾賢所闡述的上座認識論，至少要有三個剎那，第三個剎那是「受」這個心所的生起，向前推算，第二剎那應是「識」與「觸」的產生，第一剎那則是「根」與「境」的接觸。

然而經部的時間觀是「剎那滅」的，在第二剎那生起之時，第一剎那已經消滅，而在第三剎那生起之時，第二剎那亦已消滅。經部上座的認識論在此處會產生的問題是：既然是「剎那滅」，那麼第三剎那如何取得第二剎那「觸」所對的境界？在三個剎那之間，可能會產生無法聯結甚至斷裂的狀況。故眾賢在《順正理論》中對此說提出了批判：

由彼義宗，根境無間，識方得起；從識無間，受乃得生。身受生時，

身及所觸，其體已滅。時復隔遠，何得爲因？且識生時，身觸已滅，

望無間識，緣用尚無。〔註145〕

眾賢認爲除非，根、境、識以及受心所的生起，其中是「無間」的關係，否則當受心所生起之時，「觸」所對之「境」已經滅了，其中也隔了一段時間，那麼業因生起業果之間的過程，也會有斷裂的狀態，以經部「剎那滅」的立場來說，似乎很難解決這個問題。

關於這個問題，現代學者耿晴在其論文〈意識如何緣取五識的內容？以說一切有部與經量部的論爭爲中心〉中針對這個部份提出了經部在認識論方面將遭遇的核心問題：

必須接受作爲內感官的意識能夠把握已經消逝不存在的外在對象的理論後果，然而這樣一來，就會違背識的生起必須有感官和外在對象存在的兩個條件的大前提。〔註146〕

〔註143〕《阿毘達磨順正理論》卷 10（CBETA, T29, No.1562, p.385, b23-24）。

〔註144〕《阿毘達磨順正理論》卷 10（CBETA, T29, No.1562, p.386, b17-19）。

〔註145〕《阿毘達磨順正理論》卷 10（CBETA, T29, No.1562, p.386, b19-23）。

〔註146〕耿晴〈意識如何緣取五識的內容？以說一切有部與經量部的論爭爲中心〉（台哲會「批判與反思哲學研讀會」，05/07/2010）頁 2。

在第二刹那的「觸」生起時，眼等根所對的外境已經消逝，而在第三刹那「受、想、思」生起時，第二刹那之「識」又已消逝，那麼在這個認識的過程中，似乎違反了「觸」須由「根、境、識」三者和合方能生起的前提。經部上座認識論的困難之處在於，在每一個刹那之間有著斷裂的傾向。那麼要如何解釋整個「認識」的過程並使之合理化？耿晴在此篇論文中整理出了經部的兩種策略：

(A) 一種策略是說明意識的對象雖然不能說存在但也不能說不存在。這顯然不是一個令人滿意的解釋。

(B) 另一種策略是：使用因果序列的方式來解釋，但是這種解釋卻隱含著「一切現在的知覺經驗過去都已經被經驗過」這一個極端的結論。

在第一種策略中，耿晴引用了一段《順正理論》中之原典，〔註147〕認爲上座在此處的主張爲：

> 由於第二刹那生滅的「意」作爲第三刹那生滅的意識的「等無間緣」，因此意識可以領受「意」中的「境界」（即、第二刹那「意」的對象）。藉此，經量部主張第二刹那的「意」中的內容可以傳遞到第三刹那的意識中。

此處是以「等無間緣」作爲第二刹那與第三刹那之間的聯結，顯現第三刹那「認識」作用的產生，與第二刹那並沒有斷裂，故第三刹那可以領受到第二刹那的境相。

在第二個策略方面，耿晴則先提出了「法光法師以『隨界』解釋經部上座認識論」，法光對於「隨界」的定義爲：「在每一刹那的心——身相續中存在的導致結果的勢力。」〔註148〕，「隨界」可以使某一個刹那的經驗內容，傳遞到下一個刹那。法光對於經部「認識」之「產生」的解釋包含兩點：

〔註147〕《阿毘達磨順正理論》卷 19：「此中上座復作是言：緣過去等所有意識，非無所緣，非唯緣有。何緣故爾？以五識身爲等無間所生意識，說能領受前意（manas）所取諸境界故。如是意識以意（manas）爲因。此所緣緣，即五識境。要彼爲先，此得生故。隨彼有無，此有無故。然此意識非唯緣有，爾時彼境已滅壞故；非無所緣，由此意識隨彼有無、此有無故。又隨憶念久滅境時，以於彼境前識爲緣，生於今時。隨憶念識墮一相續，傳相生故。雖有餘緣起隨念識，而要緣彼先境方生。」（CBETA, T29, No.1562, p.447, b28-c9）。

〔註148〕耿晴〈意識如何緣取五識的內容？以說一切有部與經量部的論爭爲中心〉（台哲會「批判與反思哲學研讀會」，05/07/2010）頁 7。

（a）Oeye-cons2 "is in the form of an exact copy of" Oe1 以及（b）第二刹
那的眼識作爲第三刹那的意識的「等無間緣」。法光說這兩點藉由「隨
界」的作用而聯繫起來。〔註149〕

從上文可知，法光認爲解決經部困境的方式，就是以「隨界」作爲聯繫，且「隨
界」的作用，出現於第二刹那「產生感官識」與第三刹那「意識緣取感官識之
內容」之間。針對法光的理論，耿晴提出即使引用了「隨界」的概念，也無法
解決上座認識論所遭遇的困境：「第三刹那的意識如何能夠緣取第一刹那的外境
的困難還是無解。」〔註150〕，因爲「隨界的形成到引生未來的識，至少必須花
費兩個刹那。」〔註151〕根據眾賢《順正理論》中記載的上座「隨界」特色，其
體是「不可說的」，而其內容爲「業、煩惱所熏六處，感餘生果。」所以「隨界」
並不是獨立於六處之外的存在，而「隨界」的產生本身則需要兩個刹那：

　　第一個刹那爲由彼時的識熏習六處而形成隨界；第二個刹那則由隨
　　界而引生未來的識。〔註152〕

經部「認識過程」中的第二刹那產生時，由第二刹那產生「隨界」的第一刹
那，而「認識過程」中的第三刹那產生時，「隨界」才能形成。所以法光以「隨
界」作爲第二刹那與第三刹那之間的連結，在理論上是有困難的。由於法光
並沒有對這樣的一個過程做出較詳細的解釋，而耿晴之推論，乃是以原典上
對於「隨界」的解說並配合經部「刹那滅」之理論做出的推論，故筆者認爲
這樣的推論是合理的。

　　另外，有情之感官所能認識的，並不是一一極微本身，而是極微所和合
的假相。舉例來說，如青色，眼識能緣的青相，是由極微所和合成的假相，
而不是實在的，但經部仍然肯定外境是實有的。所以眼識上所呈現出的青相，
與外界客觀存在的青相並不是一致的。〔註153〕

　　經部上座的認識論所遭遇的困境，就是在認識外境的過程中，每一個刹
那會產生斷裂的現象，而對經部來說，雖說有情感官所能認識的外境皆是和
合假，但仍不能說經部上座認爲外境不是實有的。只是以認識的角度而言，
有情感官識上所顯現的外境，的確是假有，而眼等識是不能緣實境的。

〔註149〕同上注頁 8 註 19。
〔註150〕同上注頁 6～10。
〔註151〕同上注頁 10。
〔註152〕同上注。
〔註153〕印順：《唯識學探源》，（新竹：正聞出版社，2003 年新版二刷）頁 205。

　　經部理論所遭遇到的問題，筆者將在第四章的部份重新做一整理，以及探討世親在《唯識二十論》中對這些經部理論的批判，並重新審視本章所討論的經部理論，在世親的經部思想過渡到唯識之間，是如何的承接與變化。

第四章　《唯識二十論》對經部的批判

第一節　《唯識二十論》中經部之時期判定

在探討《唯識二十論》對經部之批判前，必須先釐清《唯識二十論》所批判的經部是屬於哪一個時期。故本節處理此問題之方式，是先將《唯識二十論》所批判的經部觀點羅列出來，並按照第三章對經部思想的探討，與第二章所釐清出來的各時期經部做對照。

一、《唯識二十論》所批判的經部觀點

世親在《唯識二十論》中並沒有直接說明其批判對象是經部，所以釐清世親所批判的思想屬於何部派，必須藉助窺基《唯識二十論述記》。窺基在《唯識二十論述記》中，點明爲《唯識二十論》所批判之對象爲經部的部份主要有兩處：

（一）種習論——「業熏習餘處，執餘處有果。」

世親《唯識二十論》中原文如下：

（頌曰）：業熏習餘處，執餘處有果。所熏識有果，不許有何因？（第六頌）

論曰：執那落迦由自業力，生差別大種，起形等轉變。彼業熏習理，應許在識相續中，不在餘處。有熏習識，汝便不許有果轉變，無熏習處翻執有果。〔註1〕

〔註1〕　《唯識二十論》卷1（CBETA, T31, No.1590, p.75, b2-7）。

　　《唯識二十論》對經部思想批判最力之處，在於「業熏習處與生果處」
不同，經部同意「熏習」理論，但業熏習之處與生果處不同，對唯識家世親
而言，會造成理論上的斷裂。而世親並未說明這是經部的理論。現代學者多
採取窺基《唯識二十論述記》中的解說，認爲是欽此處批判的，就是經部的
思想。以下引窺基《述記》爲證：

> 自下經部爲伏救義。我宗說彼亦是非情，然造業時，熏習種子，在
> 內識故，可不離識。令得果時，其獄卒等，識外大種，轉變差別，
> 不在識中，與餘宗異。或重抑薩婆多，令有熏習，然前解勝，以薩
> 婆多無熏習故。〔註2〕

《述記》言「以下經部爲伏救義」，指的就是《唯識二十論》第六頌頌文。
在《唯識二十論》第六頌的論文中，言「彼業熏習理，應許在識相續中，不
在餘處。」，根據筆者在第三章中的探討，世親在此處所批判的，應是經部
的「種習論」。熏習在識相續中而不在餘處的說法，根據資料顯示有幾種可
能性：

1、心法能熏說
2、六識互熏說
3、前念熏後法說
4、同類識受熏說
5、六處受熏說
6、色心互熏說
7、細心受熏說（異熟識受熏說）〔註3〕

以上七種熏習說，筆者認爲與《唯識二十論》所批判論點較爲接近的有兩種，
一爲上座的「六處受熏說」；二爲世親在《俱舍論》中的「色心互熏說」。理
由是，據印順法師《說一切有部爲主的論書與論師之研究》中的說法，世親
造《俱舍論》時，上座所造之經部根本毘婆沙早已流行，而《俱舍論》中引
用了上座的教說，造成新有部論師眾賢的不滿而做《順正理論》。《俱舍論》
部分的內容，的確有傾向上座經部宗的思想。另外爲何筆者認爲世親在《唯
識二十論》中所批判的是他在《俱舍論》中提出的「色心互熏說」？原因簡

〔註2〕　《唯識二十論述記》卷1（CBETA, T43, No.1834, p.989, a16-21）。
〔註3〕　本處採取的是曹志成：〈經量部種子思想的探討〉，《諦觀》第79期，1994.10.01）
　　　　中的分類，因其綜合了三位日本學者之分類說，以此作對照可較爲全面。

單歸納如下：

1、「六處受熏說」的「六處」，「眼、耳、鼻、舌、身」屬於「色法」，「意」是屬於「心法」。上座是「無色界有色，無心定有心」的學派，前五處屬於色法，在無色界中仍不會斷滅；第六處屬於心法，在無心定之中也不會滅絕。而上座以「隨界」作為有情相續展轉的因緣性，將「隨界」說與「六處受熏」結合看來，隨界就是有情身心相續的本身。而上座認為因與果的關係是「無間所生」。既是「無間生起」，似乎便不會有「熏習在此處而果生起在他處」的問題產生。對照世親的批判來看，世親所批判經部熏習說的重點在於「業熏習餘處，執餘處有果」，也就是熏習與生果之處不同，故「六處受熏說」並不符合這一點。

2、窺基的解說為熏在「識」中或「色根」中，與「六處受熏說」對照，前五處是屬於「色根」，那麼「識」指的就是「意」了。但窺基最後又說「果起之時，不在識內」，這樣的說法，並不能完整的批判「六處受熏說」中色根與心法各自能熏習並使果生起的功能。故筆者判斷，世親所批判的熏習說，並不是上座的「六處受熏說」。〔註4〕

而以「色心互熏說」與《唯識二十論》中的批判做比較，世親《俱舍論》中的「色心互熏說」，採取「無色界無色，無心定無心」的立場，在「無色界」中，持種者是「心」而非「色」，故不會有斷滅的問題。而在「無想定」與「滅盡定」的狀態中，雖然「心」處於滅絕的狀態，但在仍有「根身」可持種。故為「無色界有心，無心定有色」。

對照窺基所言「謂造業時，熏在識中或色根等中，果起之時，不在識內。」的說法，窺基所說的「識」，指的應該就是在無色界是可以持根身種子的「心」。故筆者認為，世親在《唯識二十論》中所批判的，應是在《俱舍論》中自己所提出的「色心互熏說」。

（二）極微說——經部上座室利邏多之「和合說」

世親《唯識二十論》中原文如下：

（頌曰）：以彼境非一，亦非多極微。又非和合等，極微不成故。

論曰：此何所說？謂若實有外色等處，與色等識，各別為境，如是外境或應一。如勝論者，執有分色；或應是多，如執實有，眾多

〔註4〕 此處之推論詳見本論文第三章第二節。

極微各別爲境。或應多極微和合及和集，如執實有，眾多極微皆共和合、和集爲境。且彼外境理應非一，有分色體，異諸分色不可取故。理亦非多，極微各別不可取故。又理非和合或和集爲境，一實極微理不成故。〔註5〕

世親在《唯識二十論》中，爲證其「萬法唯識所現」的「外境非實有論」，一一破解其他部派所執之「極微」說，其中提到「和合」說，但未說明爲哪一部派之思想，而現代學者們對此處的說明可以據兩個部份證實爲經部思想，一爲窺基《述記》中之記載，二爲在新有部論師眾賢所作之《順正理論》中，明白記載「和合」說，爲經部上座室利邏多之理論。

窺基在《唯識二十論述記》中記載：

述曰：此敘經部、新薩婆多正理師義。經部師說：多極微和合；正理師說：多極微和集。〔註6〕

窺基此處是在解釋世親《唯識二十論》論文中「或應多極微和合及和集」此句。而世親批判的經部的「極微和合說」，則是《順正理論》所記載的上座說法。〔註7〕上座對於「極微和合說」的解釋如下：

（1）上座認爲諸極微所和合之體是有方分的，但極微本身是無方分。而正是因爲「極微」是無方分的，才能夠「泯滅自體的融合」。

眾賢質疑「無方分的極微泯滅自體」的融合後，其融合體又怎會「有方分」？於是上座便提出轉救：

（2）上座轉救的說法是，不管是「極微」本身或極微和合而成的「極微和合體」，都是無方分的。

但若和合體「無方分」，那麼就違背了聖教中，色法是「有對」，也就是有質礙性的說法。

世親在《唯識二十論》中，已明言其批判對象之一爲「極微和合說」，對照窺基的說法以及《順正理論》中上座的說法，此「極微和合說」應爲《順正理論》中記載的上座之說無誤。

〔註5〕 《唯識二十論》卷1（CBETA, T31, No.1590, p.75, c16-25）。

〔註6〕 《唯識二十論述記》卷2（CBETA, T43, No.1834, p.992, c16-18）。

〔註7〕 「此中上座作如是言：五識依緣俱非實有，極微一一不成所依所緣事故。眾微和合，方成所依所緣事故。」《阿毘達磨順正理論》卷4（CBETA, T29, No.1562, p.350, c5-7）。

二、《唯識二十論》所批判的經部思想在經部發展史上的位置

（一）經部思想之發展──「唯心」思想的趨向

　　本論文第二章「從經部到唯識學」，探討了經部發展的過程，基本上經部的思想，主要是依著反對說一切有部的理論而發展的。說一切有部與經部在基礎上最大的歧異，便是有部主張「三世實有」、「法體恆存」，而經部則反對此說，主張「過未無體」以及「剎那滅」。而從經部的發展史上來看，經部系的論師皆是以反對「三世實有」作爲理論建構的基礎，但在建構出的理論中，仍會產生歧異。以下將簡單敘述經部發展上重要的代表論師的思想，並檢討《唯識二十論》所批判的經部思想，是否爲發展較成熟的經部思想。

　　經部是一個學說思想較自由的派別，在經部發展的過程中，不同的時期、不同的代表人物，其教說有共通之處，亦有分歧之處，故此處所引述的思想，以《唯識二十論》中批判以及本論文在前文中有探討的理論爲主：

1、經部先驅──《大毘婆沙論》中譬喻師的「剎那滅」理論與「身語意業，皆是一思」

　　說一切有部四大論師之二的法救與覺天、以及論師鳩摩羅多，是屬於持經派的譬喻師，此說法在第二章已說明。這些譬喻師雖仍屬於說一切有部，但在思想上與說一切有部的基本理論已出現不同之處。在印順法師《說一切有部爲主的論書與論師之研究》中，經譬喻師的理論大致上有「重於簡明」、「重於同一」、「傾向於唯心」與「傾向於抽象」四種特色。〔註8〕

　　其中，筆者認爲與《唯識二十論》所批判的主題較相關的部份，首先是「簡明」。阿毘達磨論者認爲在同一個剎那之中，彼此之間的關係有相應、俱有，內容十分複雜，而譬喻師則是將其簡明化，如《大毘婆沙論》中記載的譬喻師說：「三有爲相非一剎那」、「諸法生時漸次非頓」、「心心所法，依諸因緣，前後而生」，從引文可知，在《婆沙》譬喻師時期，就已經有諸法是漸次而生，且「心」與「心所」並非同時並起，而是前後而生的說法。如此便無須如阿毘達磨論師發展出繁瑣而複雜的細論。譬喻師會有如此的發展，也許與其以宣教爲主，走向較爲通俗化有關。再者譬喻師又言：「不相應行蘊，無有實體」，對阿毘達磨的論師而言，不相應行歸類爲非色非心的「實體」，既

〔註8〕　印順：《說一切有部爲主的論書與論師之研究》（新竹：正聞出版社，1968）
　　　　頁371。

非色又非心，如何解釋其爲「實體」？阿毘達磨論師爲解釋此矛盾的狀態，必然衍生出十分繁瑣的議論。而譬喻師則是回歸最簡明的解釋，不相應行是無實體的。從此處也看看出譬喻師與有部論師在基本理論上已產生不同。

其次是譬喻師認爲：「無有有情而無色者，亦無有定而無有心」，此處的意思是，三界的有情都是有心有色、心色不離的。故在整個譬喻師的思想中，如印順法師所言是較傾向於「唯心」。傾向於「唯心」的理論，便引發了以下兩點：

（1）業論方面：主張「離思無異熟因，離受無異熟果」、「身語意業，皆是一思」，將業因歸於「思」。故在業力的儲存方面，必定不同於將業力存續在色身之中，而是必須找出另外一條不同的方向來說明業力存續的問題，故對於其後「種子說」的發展有深刻的影響。

（2）「有」與「無」：譬喻師提出「有緣無智」、「所繫事是假」的理論，「假」的外境，也可以成爲有情緣的對象。此說法與有部認爲「三世實有」、「法體恆存」的理論大不相同，似乎較接近原始的佛說，此時雖尚未對「所繫事是假」提出完備的理論，但已逐漸開啓了外境是「實」是「假」的論爭。其後的經部系論師，雖因承認極微的存在而未能擺脫外境實有論，但已觸發了大乘唯識學「三界唯識」、「萬法唯心」的開端。

另外同屬譬喻師的鳩摩邏多，其所留下來的資料十分稀少，只能從後代論師之著作中，〔註9〕知曉其與經部的關係，水野弘元在其作《佛教教理研究》中，提到：

> 究摩羅多與《婆沙論》的關係是這樣的：究摩羅多反對有部的形式論及一切萬有爲實有的極端論，而主張長、短、方、圓等形色、心所法、心不相應法、無爲法等的假有，採用合理論，成立所謂「譬喻師」的經部一派。〔註10〕

從水野弘元的觀點來看，究摩羅多的理論與前述譬喻師的理論相差無幾，對有部的根本——萬法實有——做出反對。但譬喻師一派是否如水野所說爲究摩羅多所成立，筆者認爲不能如此斷定，因爲從本論文第一章中的探討，法救與覺天時代較究摩羅多早，且已出現與究摩羅多相似的理論。或許

〔註9〕 如窺基《成唯識論述記》中推鳩摩邏多爲經部根本。
〔註10〕 水野弘元：《佛教教理研究——水野弘元著作選集（二）》（台北：法鼓文化出版社，2004 年六月初版二刷）頁 355～356。

可說究摩羅多為譬喻師之一，並為從《婆沙》中的譬喻師過渡到《成實論》
及其後經部系的思想之橋樑。

2、《成實論》之論主訶梨跋摩──「諸業皆以心差別」

關於《成實論》與其論主訶梨拔摩，在本論文第一章第二節「經部的起
源與發展」中，對其時代以及《成實論》的性質已有說明，故此處則需再對
《成實論》中幾項重要理論作一說明。

（1）色　法

在色法方面，訶梨拔摩有其特殊的看法。在《成實論》中對色法的說明
是：

> 色陰者，謂四大及四大所因成法，亦因四大所成法，總名為色。四
> 大者，地、水、火、風，因色香味觸故，成四大。因此四大成眼等
> 五根，此等相觸故有聲。〔註11〕

在佛教一般的說法中，都認為四大為「能造」，四根與四塵為「所造」，但在
《成實論》中，認為是四塵造四大，故四大為假法，而五根與聲為四大所造，
亦為假法。

《成實論》認為四大種的屬性就是「地、水、火、風」，而不是其性質「堅、
濕、煖、動」，而在四大種之中，則存在著「色、香、味、觸」的要素。所以
「色、香、味、觸」是為實法，由其所產生的「四大」與「四根」及「聲」，
皆為假法。《成實論》以此說色法之假實，與外道「勝論派」說法十分接近。
〔註12〕而訶梨拔摩對色法的說法，為何較接近外道？日本學者水野弘元認
為，應是訶梨拔摩採取經部系之立場，為反對有部色法說，故有此近於外道
之理論出現。有部認為「四大」，應為構成色法的單獨元素，而《成實論》所
言之色大，則已經是色聚之體。〔註13〕

（2）業　論

訶梨拔摩對於「業」的說法，也是將之繫於一心，近似《婆沙》中的譬
喻師之說法，如：

〔註11〕《成實論》卷3〈36色相品〉（CBETA, T32, No.1646, p.261, a8-11）。

〔註12〕水野弘元：《佛教教理研究──水野弘元著作選集（二）》（台北：法鼓文化出版社，2004年六月初版二刷）頁457。

〔註13〕水野弘元：《佛教教理研究──水野弘元著作選集（二）》（台北：法鼓文化出版社，2004年六月初版二刷）頁459。

問曰：「有論師言：『但心是寂滅行，非思是義云何？』答曰：「是三
種行，皆但是心。所以者何？離心無思、無身、口業。」〔註14〕

訶梨拔摩將身、口業之業因歸於一心，其理論的方向與《婆沙》中的譬喻師相
同，走向較唯心的路線。另外其在論文中亦談到「諸業皆以心差別。」〔註15〕、
「當知罪福皆由心生。」〔註16〕，在理論上延續《婆沙》譬喻師的路線。而在
《成實論》中亦有說到關於「業」的存續問題。《成實論》在說明業的存續時，
說的是「無作」。「無作」便是「無表」，不同於有部的是，《成實論》中的「無
作」，是屬於「心不相應行」，且不是色法。〔註17〕

但是在《成實論》中，尚未有「種子熏習」的概念，故仍以「無作」作
爲業力存續的說明。只是「無作」已經不存在於「色法」之中，既然如此，
那麼業力存續的方式、所依的對象爲何？經部系的論師必須提出合理的解
釋，而「種習論」的出現即是經部由小乘轉向大乘唯識學的一個重要過程。

（3）心、心所法

在「心、心所法」方面，《成實論》中認爲，心與心所是沒有差別的：

心、意、識，體一而異名。若法能緣，是名爲心。問曰：「若爾則受、
想、行等諸心數法，亦名爲心，俱能緣故。」，答曰：「受、想、行
等，皆心差別名。」〔註18〕

不管是意、識，都只是心的異名，而受、想、行等心所，亦爲心之差別，而
非在心之外另立心所。另外訶梨拔摩認爲：「意即是思」〔註19〕，《成實論》
中探討「無作」時，也特別重視意業，在在顯示出經部系思想的特色與有部
的差別。

至於「滅定有無心」，訶梨拔摩是屬於「滅定有心」〔註20〕的派別，在本
論文第三章第二節探討「經部的心、意、識結構」中，說明《婆沙》中的譬
喻師以及《順正理論》中的經部上座，都是採取「滅定有心」的立場，而世

〔註14〕《成實論》卷7〈102 正行品〉（CBETA, T32, No.1646, p.296, a29-b3）。
〔註15〕《成實論》卷7〈100 三業品〉（CBETA, T32, No.1646, p.294, a19-21）。
〔註16〕《成實論》卷7〈100 三業品〉（CBETA, T32, No.1646, p.294, a23）。
〔註17〕訶梨拔摩認爲心不相應行不是色法，此處與《婆沙》中的譬喻師相同。
〔註18〕《成實論》卷5〈60 立無數品〉（CBETA, T32, No.1646, p.274, c19-21）。
〔註19〕《成實論》卷6〈84 思品〉（CBETA, T32, No.1646, p.286, c3-5）。
〔註20〕《成實論》卷13〈170 三無色定品〉：「又無想定中心不應滅，所以者何？行
者要厭離心，故能滅心。若厭心者，尚不應生無色界中，況生色界？」（CBETA,
T32, No.1646, p.344, b13-16）。

親在《俱舍論》中則是認為「滅定無心」，因此《俱舍論》以此為基本立場發展出「色心互熏說」。而在《成實論》中，「熏習說」則是未見發展。

3、眾賢《順正理論》中記載之經部上座室利邏多——「舊隨界」

眾賢《順正理論》中記載的經部上座室利邏多，其思想散見於《順正理論》中。室利邏多的思想，再本論文第三章已有相當多的探討，在此只簡單列出：

（1）業 論

上座在業論方面，提出了「舊隨界」的說法，《順正理論》中記載上座認為舊隨界具有「相續」及「展轉」的特色，但此處並未談到「差別變化」。上座的「舊隨界」理論中，強調其「因性」，也就是在惡法出現時，仍有俱隨行之善根，此善根無論在惡法出現的情況下，仍能不斷的存在。而《順正理論》中言此處所言的「舊隨界」，其義等同「種子」之說。

上座「舊隨界」的內容，眾賢認為是「業煩惱熏習六處，而後感餘生果的整個過程」。這似乎就涵蓋了經部種習論其中一部分的內容，也就是經部對於「業」、「熏習」、「果生起」的整個理論架構，故可知「舊隨界」的內涵，並不只是單純的「潛藏力」而已。

而上座在業力熏習之處，則有「六處受熏說」的說法。「六處受熏說」之內容在本論文第三章已有說明，故此處不再贅述，值得注意的是，依「六處受熏說」來看，上座是屬於「無心定有心」的學派。

（2）心、心所法

上座認為，「思」、「受」、「想」等心所，在滅盡定中是不起作用的，但肯定滅盡定是有「心」存在的。上座雖然是屬於經部中的「有心所」派，但是他認為在「滅盡定」中，並沒有「心所」生，而是有不斷的細心，成為業因與業果之間的聯繫者。且在整個心與心所法的生起過程，都是次第而非同時的。〔註21〕

（3）極微說

按《順正理論》中記載上座的極微理論，認為一一個別的極微不能為五識所緣，只有眾微和合之色，方能成為五識的所依與所緣。

〔註21〕《阿毘達磨順正理論》卷10：「觸非心所，說識言者，謂於此中，現見說識。故觸是心，非心所法。不離識者，謂不離識而可有觸，識前定無和合義故。假名心所，而無別體。」（CBETA, T29, No.1562, p.385, b18-21）；《阿毘達磨順正理論》卷10：「由彼義宗：根境無間，識方得起。從識無間，受乃得生。」（CBETA, T29, No.1562, p.386, b19-20）。

　　五識的「所依」爲「五蘊」，「所緣」爲「五處」，而在上座的理論中，「五蘊」與「五處」，皆非實有的。而「五蘊」、「五處」雖非實有，但仍能爲五識所緣的原因就在於「五蘊」、「五處」皆爲極微「和合」而成，既爲「和合」而成，便是「假有」。此「假有」方能爲五識之「所依」與「所緣」。

　　至於「極微和合說」，在本論文第三章中亦有詳述，故此處不再重述。至於上座的「認識論」提到，至少要有三個刹那，第三個刹那是「受」這個心所的生起，向前推算，第二刹那應是「識」與「觸」的產生，第一刹那則是「根」與「境」的接觸。然而經部的時間觀是「刹那滅」的，在第二刹那生起之時，第一刹那已經消滅，而在第三刹那生起之時，第二刹那亦已消滅。所以如此之認識論建立在「刹那滅」理論的基礎上，亦產生理論上的不完滿。也就是每一刹那之間，是以何種方式做聯結，方不至於有斷裂的可能。

　　4、《俱舍論》論主世親——「種子」與「色心互熏說」

　　《俱舍論》中提到的「色心互熏說」，是本論文第三章探討的重點，從「色心互熏說」所延伸出來的重要議題便是「種習論」。

　　世親在《俱舍論》中提出「色心互熏說」的基礎是「無色界無色，無心定無心」，而「無色界無色，無心定無心」的理論，世親自言是承「先代軌範師」之說。在普光《俱舍論記》中，解釋此處提到的「先代軌範師」，乃是屬於「經部」。〔註22〕但此「先代軌範師」是屬於哪一時期的經部論師，卻是難以考察。經部先代軌範師的主張，與《成實論》論主訶梨跋摩、《順正理論》中記載之經部論師之說法是不同的。世親不採用「滅盡定有細心說」，而選擇「無色界無色，無心定無心」之說的原因爲何？印順法師《說一切有部爲主的論書與論師之研究》中指出，說一切有部主張「無色界無色，無心定無心」，先代軌範師則是阿毘達摩化的經部論師，在此方面承襲了有部的看法。《婆沙》中的譬喻師，則是主張三界有情皆不離心。室利邏多與訶梨跋摩承譬喻師之說，發展出無心定中有相續不斷之細心存在，而世親則是承襲了先代軌範師的說法。〔註23〕從世親的選擇，可以知道他在「滅盡定有無心」這個議題上，

〔註22〕《俱舍論記》卷5〈2分別根品〉：「故彼經部中先代諸軌範師咸言：心、身二法互爲種子。」（CBETA, T41, No.1821, p.100, b5-6）《俱舍論記》卷19〈5分別隨眠品〉：「經部先代軌範諸師作如是說。」（CBETA, T41, No.1821, p.306, c17）。

〔註23〕印順：《說一切有部爲主的論書與論師之研究》（新竹：正聞出版社，1968）頁555～557。

較偏向有部的理論。故筆者認爲，「色心互熏説」是合併了經部「種子熏習説」以及有部「無心定無心」的理論，採取的一種折衷的方式。

在「種習論」方面，俱舍論》爲「種子」説建立了「相續」、「轉變」、「差別」之義，並以「種子」作爲業力存續的關鍵。「色心互熏説」已經建立起了種子熏習的過程，而其對於「心」的看法所採取的立場，是「無色界無色，無心定無心」，這與經部上座和成實論主訶梨拔摩則是持相反的看法。但的確如世親自己在《唯識二十論》中所批判的「業熏習餘處，執餘處有果。」，世親以唯識學之後設立場來看「色心互熏説」，必然不能承認心與根身相互持種的説法。

（二）《唯識二十論》所批判的經部思想之時期判定

《唯識二十論》中批判的經部思想，如本論文第三章以及本節所述，主要集中在「種習論」以及「極微説」兩個部份。爲了瞭解世親在《唯識二十論》中所批判的經部思想，是否屬於較爲成熟的經部思想，則必須進一步探討《唯識二十論》所批判的經部思想在經部發展史中的位置與價值。以下即針對「種習論」以及「極微説」的部份來做探討。

1、「色心互熏説」——世親唯識時期「種習思想」之先驅

在本節前文的內容中，可以瞭解經部是以反對有部「三世實有」、「法體恆存」爲基本立場，首先是《婆沙》中的譬喻師，有別於有部重視色法，而是走偏向「唯心」的路線。例如認爲「不相應行法」並無實體，將業因歸於一思，以及認爲有情對於假有的外境，仍然能夠產生認識作用。《婆沙》中的譬喻師，雖然已經逐漸脱離了有部的實有論，但對於將業因歸於一思，並沒有更進一步的説法。

而在《成實論》中，訶梨拔摩將身、口業歸於一心，並認爲業乃心之差別，對於業力的的存續問題，則是以「無作」，也就是「無表」來説明。但《成實論》中的「無表」，並不屬於色法，這一點則與有部有基本上的不同。但在《成實論》中，對於「無作」是如何存續，如何招致業果，訶梨拔摩之解釋爲：

> 問曰：狗等眾生音聲是口業不？答曰：雖無言辭差別，從心起故，
> 亦名爲業。又若現相、若號令、若簫竹等音，皆名口業。是身、口
> 業要由意識能起，非餘識也。是故人有自見身業、自聞口業，以意
> 識所起業相續不斷故，自見聞。〔註24〕

〔註24〕《成實論》卷8〈115九業品〉（CBETA, T32, No.1646, p.304, b19-24）。

在《成實論》中，只以「相續」解釋業力如何不斷，但並沒有對業力如何存續以及如何招致果報做出更進一步的說明。在《成實論》中，也尚未有關於「種子」的說法。

新有部論師眾賢在《順正理論》中記載的經部上座說，以「舊隨界」來說明業因與業果之間的聯繫，並提到了「舊隨界」有「相續」及「轉變」的特色，但並沒有提到「差別」。而在上座的業力相關理論中，已出現「熏習」說，上座認爲業力熏習處在「六處」，是因爲上座屬於「無心定有心」的學派。而所謂「六處受熏」說指的是「業煩惱熏習六處，感餘生果」。故很明顯在經部發展到上座室利邏多此處，已逐漸走向以「種子熏習」作爲業因如何生起業果的解釋，對經部思想的發展而言，是很大的突破。

世親的《俱舍論》，在「種子」方面，除「相續」、「轉變」外，更進一步的提出了「差別」，使「種子」的意義更加明確，而世親對於「種子存續」的問題，則以「色心互熏說」做爲解釋，以色心相互持種，解決了有部業力會隨色身斷滅的矛盾。而「色心互熏說」的基礎，則是建立在「無色界無色，無心定無心」的說法上，此處與《婆沙》中的譬喻師以及經部上座不同。

關於世親的理論內容，本論文第三章有詳細的討論，故此處不在重述。而《唯識二十論》中，世親以大乘唯識學的立場，批判經部「業熏習餘處，執餘處有果」的理論。在《唯識二十論》的內容中，世親並未以「賴耶緣起」的後設立場來批判部派，世親對於「阿賴耶識」理論的建構，要到《唯識三十論》時才成熟。世親批判的經部種習論的地方，在於經部種習論自身的矛盾——業熏習處與果生起處是不同的地方。按照本論文第三章的判斷，《唯識二十論》所批判的熏習說，應該是世親在《俱舍論》所提出的「色心互熏說」。「色心互熏說」不但已經提出「種子受熏」的概念，且世親在《俱舍論》中也已爲種子建立「相續」、「轉變」、「差別」之定義，較之上座又更進了一步。

在上座的「六處受熏說」中，如本論文第三章第一節所述，必須同意「無心定有心」、「無色界有色」的理論。但上座的立場，雖同意「無心定有心」，但並沒有承認「無色界有色」，〔註25〕故理論上會產生種子熏習實際上只跟「意處」相關的缺陷。而「色心互熏說」繼承先代軌範師「無色界無色，無心定

〔註25〕印順：《唯識學探源》，（新竹：正聞出版社，2003 年新版二刷）頁 185，是如此認爲的：「上座，好像已放棄譬喻師無色界有色的思想：那無色界中的有情，一切種子只是追隨意處。」

無心」的說法，更不可能由六處持種受熏。故發展出了「色心互熏說」，讓種子在無色界與無心定，均不會產生無所依的狀況。可以說是經部種習思想發展到較完善的狀態。

印順法師在《唯識學探源》提到，世親在《大乘成業論》中放棄了色心互熏說，「倡導細心相續，作為受熏及所依處。」〔註26〕，達到了大乘與小乘的交界點，並認為「瑜伽派的唯識學，也是從這個思想體系下出來的。」〔註27〕。由此可知，世親在《唯識二十論》中批判的種習論，是經部種習論中發展的較完善而成熟的，而對於世親本身理論上的進展而言，也是進入大乘的前一階段。

2、「極微和合說」——《唯識二十論》中世親對極微的徹底破斥

原始佛教中並未提及「極微」，最早提及極微的，是有部論書《阿毘達摩大毘婆沙論》。〔註28〕在《大毘婆沙論》中，有部論師們對於極微的看法是，諸極微能聚集成有對的色法，〔註29〕而「非一極微可立色蘊，若立色蘊要多極微。」〔註30〕，必須要眾多極微才能夠建立色蘊。而窺基在《唯識二十論述記》中，說明「五識可緣一一極微」，是毘婆沙師的看法，而對毘婆沙師而言，五識所緣必須是實法，故可知在毘婆沙師的理論中，一一極微個別皆為實法。另外在《婆沙》中亦有記載毘婆沙師對「極微」的看法：

> 復有說者：一一極微有蘊相故，亦可各別立為色蘊。若一極微無色蘊相，眾多聚集亦應非蘊。阿毘達磨諸論師言：「若觀假蘊應作是說：『一極微是一界一處一蘊少分。』，若不觀假蘊，應作是說：『一極微是一界一處一蘊。』，如人於穀聚上取一粒穀，他人問言汝何所取？彼人若觀穀聚，應作是答：『我於穀聚取一粒穀。』；若不觀穀聚，應作是答：『我今聚穀。』乃至識蘊，一一剎那，問答亦爾。」〔註31〕

〔註26〕 印順：《唯識學探源》，（新竹：正聞出版社，2003 年新版二刷）頁 186。

〔註27〕 同上註。

〔註28〕 水野弘元著，釋惠敏譯：《佛教教理研究——水野弘元著作選集（二）》中言：「在佛教文獻中，最初說極微的，是屬於註釋書時代的《大毘婆沙論》，在〈*原始佛教〉的尼柯耶、阿含不用說，各部派的根本阿毘達摩，也完全沒有極微思想。在《大毘婆沙論》以後，才為有部的各論書、龍樹的《大智度論》、經部及瑜伽行派各論書等所說。」（台北：法鼓文化出版，2004.06 出版二刷）頁 450。

〔註29〕 《阿毘達磨大毘婆沙論》卷 76：「答諸極微積聚是有對義，非極微積聚是無對義。」（CBETA, T27, No.1545, p.391, a23-24）。

〔註30〕 《阿毘達磨大毘婆沙論》卷 74（CBETA, T27, No.1545, p.384, a15-16）。

〔註31〕 《阿毘達磨大毘婆沙論》卷 74（CBETA, T27, No.1545, p.384, a16-25）。

一一極微必須是有「相」的，否則聚合之後，也不能爲五識所緣。而在《婆沙》中另一段記載爲：

> 大德說曰：若不明了取色差別，則緣多色亦生一識，如觀樹林總取葉等。問：爲有一青極微不？答：有，但非眼識所取。若一極微非青者，眾微聚集，亦應非青。黃等亦爾，問爲有長等形極微不？答：有，但非眼識所取。若一極微非長等形者，眾微聚集，亦應非長等形。〔註32〕

此處所記載之「大德」，並不能確定是否爲鳩摩邏多，但其對「極微」的看法，與有部的說法有同有異。同的是，有部與此位大德皆認爲「極微聚合物」的性質，必須與「聚合之極微」一致，其實這是眾部派共同認定的。不同的地方是，有部認爲「五識能緣一一極微」，而大德認爲「一極微」並不能爲眼等識所緣。根據大德的說法，也許可判斷其應爲經部系的論師，大德邏摩。

另外在《成實論》中，並沒有提到有關「極微」的部份。至於經部上座大德邏摩之極微說，在本論文第三章第三節已有詳細的探討，故此處不再重述。上座的「極微說」，認爲五識所緣的對象，是眾極微的「和合體」。但是在肯定「『極微聚合物』的性質，必須與『聚合之極微』一致」這樣的前提下，上座此說其實是有矛盾的。再者，世親在《唯識二十論》中對「極微說」之批判，是「『極微』爲色法分析到最後的最小單位」，因爲以唯識家萬法「唯識所現」的立場，若有不滅的一一極微存在，便是承認萬法分析到最後的狀態仍爲「實有的物質」。

而經部上座的主張，是認爲「十二處爲假有」，所以五識所緣的境界，是和合的假象。而不是一一的實法。上座的「極微說」，建立了經部「所緣無實」的理論，印順法師在《唯識學探源》中認爲：

> 但在經部看來，眼識並不能見到一一極微的自相，只見到和合的假相。這和合相，極微上是沒有的。所以眼識上所顯現的青相，不與外界存在的青色一致。〔註33〕

這樣的說法，已脫離有部的「實有論」，較接近唯識學的理論，但因其承認色法分析到最後仍有一不滅之極微實體，距唯識學的思想尚有一段差距。故世親對經部上座的「極微」說提出批判，有欲從根本反駁部派對「色法」的定

〔註32〕《阿毘達磨大毘婆沙論》卷 13（CBETA, T27, No.1545, p.64, a24-b1）。
〔註33〕印順：《唯識學探源》，（新竹：正聞出版社，2003 年新版二刷）頁 205。

論，建立萬法「唯識所現」的目的。

第二節　世親《唯識二十論》對經部觀點之批判

一、《唯識二十論》對經部「種習論」之批判

在《唯識二十論》中，世親批判了經部的種習論，駁斥其「業熏習餘處，執餘處有果」的理論缺失。但在同樣的議題中，進入大乘唯識學的世親，又是持何種理論來解釋關於「種習」的問題？這是本節此處必須深入探討的部份。

（一）《唯識二十論》對經部「種習論」之批判

《唯識二十論》中對經部種習論的批判，是在第六頌的長行中：

> 執那落迦由自業力生差別大種，起形等轉變。彼業熏習理，應許在識相續中，不在餘處。有熏習識，汝便不許有果轉變，無熏習處翻執有果。〔註34〕

世親批判經部種習論的部份其實有兩處，一處是「業力生差別大種，起形等轉變。」，一處是「無熏習處翻執有果。」。前者與有部的主張相同，故世親在批判有部之時，已駁斥這樣的說法，世親不承認業力可以招引屬於實法的異大種，因有部本屬實有論者，按有部的理論，最後必定會歸向「外境實有」的結果，這是唯識家所不允許的。

另外，世親針對經部本身種習論的批判，認為經部已進一步的說明「果」由「業熏習種子」而來，是值得肯定的部份。但「業熏習種子之處」與「果生起處」的不一致，對唯識家而言是一個很大的理論缺陷。

在經部系論師中，對「種子」理論有較直接說法的是經部上座室利邏多與《俱舍論》時期的世親。上座認為的「舊隨界」有「相續」、「轉變」的特質，而世親在《俱舍論》中，更近一步在「相續」、「轉變」之後，提出「差別」，以顯示種子具有無間生果的功能。

而業力對於種子的熏習如前節所述，上座室利邏多的「六處受熏說」，認為眼等處與意處皆可持種熏習，但上座雖承認「無心定有心」，但並未承認「無色界有色」，所以理論上會出現矛盾。至於《俱舍論》中提出的「色心互熏說」，在第三章與前節已有詳細的探討，故此處不再重述。進入大乘後的世親，在

〔註34〕《唯識二十論》卷1（CBETA, T31, No.1590, p.75, b2-7）。

《唯識二十論》中提出對「色心互熏說」的批判，並藉此證實「地獄中的獄卒」非實有情，而是「唯識所現」，再進一步證實「外境非實有」。接下來本文將探討世親進入大乘後所提出的「種習論」，並試圖分析按這樣的理論是否將經部系論師的理論改造的更加完善。

（二）世親在唯識學中提出的解決方法

以下分爲「種子說」以及「識轉變」說兩方面探討。

1、種子說

關於唯識種子說，在護法所造，玄奘譯的《成唯識論》中，有詳細的解說。《成唯識論》，爲以護法對世親《唯識三十頌》之註解爲主，並融合了各家論師對《唯識三十頌》之註解所成之典籍，爲理解世親《唯識三十頌》的重要參考書之一。在《成唯識論》中，對唯識學種子的特性提出六義：

（1）剎那滅：也就是眼等識之種子，一念才生，生則即滅，相續不停，剎那變異。

（2）果俱有：現行法熏種子時，能熏之現行與所熏之種子是同時的。

（3）恆隨轉：種子必須一類相續，不能間斷。

（4）性決定：熏習的現行若是善或是惡，熏習的種子，也就是善或是惡，但善種子或惡種子所生起之果，必定爲無記。

（5）待眾緣：種子並非緣一因而生，必等待眾緣聚合而後才能起現行。

（6）引自果：色法之種子生色法之果，心法之種子生心法之果，兩者不能交互熏習生果。

其中「果俱有」、「恆隨轉」、「引自果」之義，與經部系的種子說大不相同。在《唯識二十論》中所批判的「色心互熏說」，在本論文第三章第一節中提到，《俱舍論》批評了有部認爲「落謝於過去之中的業引生果報」〔註35〕的理論。但依「果俱有」的特色，因果是同時的。雖然唯識的種子是「剎那滅」，但其相續之中是有間斷的。唯識的種子性質主張「果俱有」，也主張「剎那滅」，但在生滅的一瞬間新果已經生起，屬於無間生果。而「恆隨轉」亦是如此，種子在熏習、起現行與使果生起的過程中，是沒有間斷的。

另外便是「引自果」。在「色心互熏說」中，根身與心相互持種，相互熏習，但在唯識學的種子性質中，只有色法之種子能生色法之果，心法則歸心

〔註35〕舟橋一哉著，余萬居譯：《業的研究》（台北：法爾出版社，1988 年 8 月）頁 106。

法，不能交互熏習。

　　唯識學對於種子義的主張，是基於《俱舍論》中「相續」、「轉變」、「差別」，再加以擴張。且世親在《唯識三十頌》中提出的「識轉變」說，依日本學者橫山紘一的說法，認為：

　　　　「識轉變」的直接的先驅思想，是《俱舍論》的「相續轉變差別」
　　　　的思想。〔註36〕

在《俱舍論》中，有多處提到種子「相續」、「轉變」、「差別」，可知世親認為這組概念具有相當的重要性，橫山紘一更認為，「識轉變」之「轉變」，與「相續」、「轉變」、「差別」中的「轉變」具有緊密的關連。而究竟「識轉變」與《俱舍論》中種子義之「轉變」關係為何，是本文接下來必須探討的重點。

　　2、「相續」、「轉變」、「差別」

　　世親在《俱舍論》中所提到的種子內涵為「相續」、「轉變」、「差別」，日本學者橫山紘一認為，這樣的理論為世親後來進入大乘唯識學後所提出的「識轉變」說的前驅。

　　《俱舍論》對於種子內涵之解釋，「相續」為其為業力存續之對象，並能前世、今世、後世中起現行。「轉變」為在業力相續不斷的狀況下，前後所產生的差異性，「差別」為種子具有令果生起的功能。橫山紘一認為，「相續」、「轉變」、「差別」的唯識化，是從《大乘成業論》開始的。

　　在《大乘成業論》中，世親將原本用以解說種子內涵的「相續」、「轉變」、「差別」，重新與阿賴耶識結合。在《大乘成業論》中有如下說法：

　　　　但思差別熏習同時，阿賴耶識令其相續、轉變、差別，能引當來愛、
　　　　非愛果。〔註37〕

　　　　但應由思差別作用，熏心相續，令起功能，由此功能轉變、差別，
　　　　當來世果差別而生。如紫礦汁染拘櫞花，相續轉變至結果時，其瓤
　　　　色赤。〔註38〕

　　　　異熟果識剎那剎那轉變差別。〔註39〕

〔註36〕橫山紘一：〈世親的識轉變〉《唯識思想》（台北：華宇出版社，1985年十二月）頁165。
〔註37〕《大乘成業論》卷1（CBETA, T31, No.1609, p.785, c6-7）。
〔註38〕《大乘成業論》卷1（CBETA, T31, No.1609, p.783, c4-7）。
〔註39〕《大乘成業論》卷1（CBETA, T31, No.1609, p.784, c11）。

在以上引文中，世親將「相續」、「轉變」、「差別」，爲「阿賴耶識」、「心」與「異熟果識」的作用，其實這三者的內容是相同的。在《大乘成業論》中，已將阿賴耶識定義爲「攝藏一切諸法種子」〔註40〕，所以「相續」、「轉變」、「差別」的意義，從《俱舍論》中的「種子」擴大到《大乘成業論》中「攝藏一切種子」的「阿賴耶識」。

在《大乘成業論》中，尚未出現「識轉變」一詞，但已有以下說法：

夫熏習者，令彼所熏相續變成功能差別。如紫礦汁熏拘櫞花，令彼相續功能轉變。若無熏習，則無轉變差別功能。〔註41〕

根據橫山紘一的說法，認爲「相續」就是阿賴耶識，而「轉變差別」中，種子使果生起之殊勝能力，被術語化爲「功能差別」。故「相續」、「轉變」、「差別」中，只留存了「轉變」。〔註42〕從上述引文中，將「令彼所熏相續變成功能差別」與「令彼相續功能轉變」做對照，似乎「功能差別」，並沒有什麼比較特殊的意義。但世親在《大乘成業論》中，將「相續」、「轉變」、「差別」與「阿賴耶識」結合，已經與《俱舍論》大不相同了。若將「相續」、「轉變」、「差別」的功能歸於阿賴耶識，那麼就唯識家對阿賴耶識的定義，就不需要如經部系的諸論師，爲「無色界」、「無心定」是有無色或有無心，發展出各種不同的熏習說。

而在《唯識二十論》作於《唯識三十頌》前，「識轉變」此一理論確立是在《唯識三十頌》中，但在《唯識二十論》中，有無類似之概念？《唯識二十論》中的第五頌破解薩婆多師「若許由業力，有異大種生。起如是轉變，於識何不許。」〔註43〕與第六頌論文「有熏習識，汝便不許有果轉變。」〔註44〕，雖然並沒有提到阿賴耶識的概念，但已有「獄卒是由地獄中的有情之心識所變現的」以及「識熏習處與果生起處應在同一處」的想法。但「識轉變」之概念成熟，仍是要待《唯識三十頌》。

世親從種子的「相續」、「轉變」、「差別」，到進入大乘唯識學後，認爲阿

〔註40〕《大乘成業論》卷1：「能續後有能執持身故，説此名阿陀那識；攝藏一切諸法種子故，復説名阿賴耶識；前生所引業異熟故，即此亦名異熟果識。」（CBETA, T31, No.1609, p.784, c27-29）。
〔註41〕《大乘成業論》卷1（CBETA, T31, No.1609, p.785, b20-23）。
〔註42〕橫山紘一：〈世親的識轉變〉《唯識思想》（台北：華宇出版社，1985年十二月）頁168。
〔註43〕《唯識二十論》卷1（CBETA, T31, No.1590, p.75,, a27-28）。
〔註44〕《唯識二十論》卷1（CBETA, T31, No.1590, p.75, b6）。

賴耶識收攝一切種子，並提出萬法唯識所現，並依此立場作《唯識二十論》，批判各部派執境為實有的說法。對唯識家而言「境非實有」，那麼「外境是如何而存在？」，而「有情對外境的認識如何可能？」，這兩個問題，留待接下來分析世親在《唯識二十論》中對經部「極唯說」的批判，以及世親進入大乘唯識學派後所持有的理論中，再做探討。

二、《唯識二十論》對經部「極微說」之批判

世親在《唯識二十論》中，批判了經部的「極微說」。因為對唯識家而言，萬法「唯識所現」，沒有「非識之境」。但執「色法分析到最後的最小單位是極微」的其他部派乃至於經部，便成了承認有不會斷滅之法的存在。故筆者透過世親對經部「極微說」的批判，再進一步的去探討，進入大乘的世親，對於「境非實有」以及「對外境之認識如何可能」所根據的理論。

（一）《唯識二十論》對經部「極微說」之破斥

世親在《唯識二十論》中所批判之經部所主張的「外境是極微和合說」，是《順正理論》中所記載的上座室利邏多的說法，關於上座的極微說，本論文第三章已有詳細的探討，此處不再重述，本節在此探討重點，是世親如何論破經部「極微說」，再進一步的探討站在唯識學立場的世親，對於「境非實有」以及「對外境之認識如何可能」的依據理論。

1、無方分之極微是否成立

極微若要不泯滅自體的聚合，那麼極微必須有方分。而有方分之極微才有可接合之「面」。但若按經部所言和合為泯滅自身的融合，那麼據窺基在《述記》中的說法，極微應具有「無方分」〔註45〕的特質。〔註46〕

站在反對有實在極微存在之說的立場，破斥極微這個概念本身的缺陷，變成唯識家詰難的重點。對於經部所提出「極微無方分」的這個特質，世親在第十三頌最後兩句頌文中，提出此說矛盾之處：

〔註45〕李潤生《唯識二十論導讀》中言：「小乘執極微極細，形象是圓，無有東西南北上下諸方，設名『無方分』。」（台北：全佛出版社，1999.01）頁192。

〔註46〕《唯識二十論述記》卷2：「論：一極微處若有六微應諸聚色如極微量。述曰：此釋下二句頌。若言極微，無方分故。不相合者，中間極微既與六合。既應互相糅同一處所。中一微處，既與六微，同處而住，應阿耨等諸麁聚色，如極微量更不增長，即微處故。」（CBETA, T43, No.1834, p.994, b4-9）。

無應影障無，聚不異無二。（《唯識二十論》第十三頌頌文）〔註47〕

世親依色法有質礙性、佔有空間、會因因緣起滅而成壞的特質，審視極微若是無方分，便會出現三個缺失：

（1）應無影而實有影

世親在長行中解釋：

> 若一極微無異方分，日輪纔舉光照觸時，云何餘邊得有影現？以無餘分光所不及。（《唯識二十論》第十三頌長行）〔註48〕

若極微無方分，那麼極微所融合而成的粗色體，也應無方分。若粗色無東西南北之分，那麼當光照射之時就不會產生影子。但事實卻是，粗色在光線的照射下，會在對向產生影子。既有對，那麼粗色仍有東西南北之分，那麼極微無方分就不成立了。

（2）應無障而實有障

世親在長行中解釋：

> 又執極微無方分者，云何此彼展輪相障，以無餘分他所不行，可說此彼展轉相礙。既不相礙，應諸極微展轉處同，則諸色聚同一極微量，過如前說。（《唯識二十論》第十三頌長行）〔註49〕

若極微無方分，那麼在極微所融合成的粗色亦應無方分，既無方分，那麼移動時應不會相互阻礙。窺基在《述記》中以喻說明，若兩手相擊觸，因手爲無方分之極微所成，故亦無方分。既無方分，就沒有可以接觸之面，應該全然沒有障礙。〔註50〕既然雙手相擊有接觸之面，表示極微是有方分的。故極微無方分不成立。

（3）聚色之體與極微無二

對於唯識家以上兩點反駁，經部提出轉救：有影有障的，是極微所合成的聚色，而不是一一的極微。故粗色是有方分，而組成粗色的極微仍是無方分的。〔註51〕

〔註47〕《唯識二十論》卷 1（CBETA, T31, No.1590, p.76, a16）。

〔註48〕《唯識二十論》卷 1（CBETA, T31, No.1590, p.76, a18-19）。

〔註49〕《唯識二十論》卷 1（CBETA, T31, No.1590, p.76, a19-23）。

〔註50〕《唯識二十論述記》卷 2：「述曰：以微所擬東非東等。左手之東，即是西等，無此一分非是左手他不行處。以西即東，故樹東應至西，故二相擊定無相障，行者往也。」（CBETA, T43, No.1834, p.996, a21-24）。

〔註51〕《唯識二十論》卷 1：「云何不許影障屬聚不屬極微。」（CBETA, T31, No.1590,

世親在長行中又再次提出了反駁：

　　豈異極微許有聚色發影爲障？不爾。若爾聚應無二，謂若聚色不異

　　極微，影障應成不屬聚色。（《唯識二十論》第十三頌長行）〔註52〕

世親對經部提出疑問，難道經部認爲聚色是異於極微的存在嗎？以經部立場而言，聚色並不是異於極微的存在。世親接著反駁，如果聚色與極微無異，那麼極微無方分，不能出現影子與質礙，與極微無異的聚色自然也是如此。

　　在第三點中，「粗色其體不異極微」這個說法，李潤生《唯識二十論導讀》認爲其爲毘婆沙師的看法。而經部的和合說，和合之後的粗色是一個新的個體，是否其體亦不異極微？而「體」指的是「性質」還是「佔有空間的量」？若和合後的個體是一個新的個體，而極微已失去本身原有的性質，那麼世親這個批判，似乎就無法針對經部的「和合說」了。

　　而從前兩點，可以看出世親是以經驗上的粗色來對照極微理論。在一般經驗中，色法是佔有空間與時間、有質礙性的物質。若經部認爲這樣的物質是由「無方分」的極微融合而成，那麼物質就沒有辦法爲有情所感知；相反的，經部認爲由極微所和合而成的粗色才是五識所緣的對象，那麼極微是「無方分」的性質就與此矛盾了。如此從「有無方分」的角度檢視極微理論，確實是有缺陷的。而這樣的缺陷也影響「和合」理論的根基。

　2、和合理論的矛盾

　　《二十論》中對「和合」的批判，出現在第十一頌頌文的後兩句：

　　若與六同處，聚應如極微。（《唯識二十論》第十一頌頌文）〔註53〕

極微「和合」，指的是「泯滅自體的融合」，極微融合之後會產生一個新的個體。〔註54〕根據經部的理論，五識可緣的對象就是這個新的個體，而非一一的極微。頌文中指出，若極微沒有方分，是一極微和其餘六極微相互融合，只佔有與一極微同一的空間。世親在長行中說明如此之缺失爲：

　　一極微處若有六微，應諸聚色如極微量，展轉相望不過量故，則應

---

　　　　p.76, a23）。

〔註52〕《唯識二十論》卷1（CBETA, T31, No.1590, p.76, a24-26）。

〔註53〕《唯識二十論》卷1（CBETA, T31, No.1590, p.75, c28）。

〔註54〕李潤生《唯識二十論導讀》中言：「『和集』近乎今人的所謂 mixture，『和合』近乎今人的所謂 compound」（台北：全佛出版社，1999.01）頁 169。就這兩個單字的意思解釋，前者是兩個元素混合在一起，後者是單一個體組合在一起，成爲一個更大的個體，但單獨性仍舊存在。

聚色亦不可見。(《唯識二十論》第十一頌長行)〔註55〕

經部對極微的看法是「一一極微不可爲五識所緣」,那麼七極微的融合體,也只有一極微之量,那麼此融合體若可爲五識所緣,便違反了經部本身對極微「不可爲五識所緣」的定義;若此融合體不可爲五識所緣,那麼和合說就不成立了。世親在經部對極微不可爲五識所緣的性質與極微和合說中找出其衝突點,以此敘破經部的極微理論。

另外,在第十一頌的長行中,對於唯識家辯破和合成的粗色其量同於一極微,仍不能爲眼等識所緣後,〔註56〕世親又設「加濕彌羅國毘婆沙師」之兩說作出轉救。〔註57〕這兩說與「無方分」的性質均有很大關係。

(1)極微無方分且無聚合義

《二十論》中第十一頌長行中云:

> 加濕彌羅國毘婆沙師言:非諸極微有相合義,無方分故離如前失。
> 但諸聚色有相合理有方分故,此亦不然。〔註58〕(《唯識二十論》第十一頌長行)

若極微無方分,不能聚色。就沒有「和合說」所言之缺失了。且只有阿耨色以上之粗色,才有方分,如此便不會犯萬法不能現之失。世親則破斥這樣的轉救:

> 頌曰:極微既無合,聚有合者誰,或相合不成,不由無方分。論曰:
> 今應詰彼所說理趣,既異極微無別聚色,極微無合聚合者誰。〔註59〕
> (《唯識二十論》第十二頌與長行)

世親認爲若極微沒有聚合之義,那麼萬法是如何而現呢?如此則極微就失去其意義。且小乘所執的立場,極微所聚合成的粗色,其體與極微無異,若極微是無方分,粗色是有方分,就與此前提矛盾了。〔註60〕

〔註55〕《唯識二十論》卷1(CBETA, T31, No.1590, p.76, a1-3)。

〔註56〕《唯識二十論》卷1:「一極微處若有六微,應諸聚色如極微量,展轉相望不過量故,則應聚色亦不可見。」(CBETA, T31, No.1590, p.75, c29-p.76, a3)。

〔註57〕在近人研究之著作中,多將此說作爲毘婆沙師之看法,如于凌波《唯識三論今詮》中對極微的解說,性禪法師在其論文〈佛教極微論探析〉中對有部極微說的解釋。但此三種說法是否爲毘婆沙師所言,亦或爲世親爲破而設,筆者認爲尚待查證。另此三層轉救出現於第十一頌長行及第十二頌頌文及長行中。

〔註58〕《唯識二十論》卷1(CBETA, T31, No.1590, p.76, a3-5)。

〔註59〕《唯識二十論》卷1(CBETA, T31, No.1590, p.76, a6-9)。

〔註60〕《唯識二十論》卷1(CBETA, T31, No.1590, p.76, a3-9)。

（2）粗色亦無相合義

《二十論》中第十二頌長行中云：「聚色展轉亦無合義」，由極微所聚合成的粗色也無相合之義。〔註61〕窺基《述記》中對本句的解釋為粗色並不是緊密的聚合，而是十分的接近，故是假合。〔註62〕世親難曰：

則不應言極微無合無方分故。聚有方分亦不許合故，極微無合不由

無方分，是故一實極微不成。〔註63〕（《唯識二十論》第十二頌長行）

綜合以上小乘的說法，極微無方分，所以不能聚合，而粗色有方分，也沒有相合之義，故無方分的結果是無聚合，有方分的結果也是無聚合，如此可知極微是否能相合，與無方並沒有必然關係。世親並未正破詰難者所提出的說法，但藉此說法與「極微無方分故不能聚合」說之間的矛盾，顯示不管有方分或無方分，極微不能合的說法不通，極微能合的說法也不通，如此極微說則不攻自破。

除世親本身利用極微和合理論中之矛盾，對此說進行批判外，窺基《述記》中，亦引陳那《觀所緣緣論》中「所緣緣」的理論，補充破斥「和合」說的闕失。《觀所緣緣論》中言：

和合於五識，設所緣非緣。彼體實無故，猶如第二月。〔註64〕

今天經部認為極微和合之粗色可為五識所緣，符合法必須具有的「所緣」之義，但此粗色是假體，不能使「能緣識」生起，故此極微「和合」之粗色，也就不能成為五識所緣緣境。但在《觀所緣緣論》中，對極微「和合相」只說其「如眼錯亂見第二月」、「無實體」，〔註65〕而「和合相」為何是假體，並沒有詳細的論證過程。但在《二十論》中，批判「和合」理論，若極微泯滅自體的融合為一，那麼其佔有空間的量與一一極微相同，而經部又主張一一極微不為五識所緣，此便自相矛盾了。

（二）世親在唯識學中提出的解決方法

〔註61〕《唯識二十論》卷1：「若轉救言聚色展轉亦無合義。」（CBETA, T31, No.1590, p.76, a9-10）。

〔註62〕《唯識二十論述記》卷2：「論：若轉救言聚色展轉亦無合義。述曰：此非正救。以彼師宗，許聚合故，言聚無合，是設為救。若諸聚色展轉，但有無間生至，假名為合，不相逼近，名無合者。」（CBETA, T43, No.1834, p.995, a7-10）。

〔註63〕《唯識二十論》卷1（CBETA, T31, No.1590, p.76, a10-12）。

〔註64〕《觀所緣緣論》卷1（CBETA, T31, No.1624, p.888, b16-17）。

〔註65〕《觀所緣緣論》卷1（CBETA, T31, No.1624, p.888, b12-13）。

1、「境非實有」之理論

對其他部派而言，都承認外境與色法，分析到最後最小的單位「極微」的存在。就唯識家來說，此無異於承認有一不滅之物質的存在，也肯定了外境實有。然而對唯識家而言，萬法「唯識所現」，故「境非實有」。而「唯識所現」的理論，則是牽涉到「識轉變」的內容。「識轉變」的概念，是世親在其唯識學中所建立起來的特殊理論，並以此奠定了唯識學「唯識所現」的基礎。而「識轉變」的概念，最早被提出於其著作《唯識三十頌》中。筆者將試圖以《唯識二十論》中首先提出的「三界唯識」、「識無實境」為核心，近一步的探討在《唯識三十頌》中提出的「識轉變」理論。

在《唯識二十論》中，世親為以「唯識無境」為立場，破斥了其他部派所執的「外境為實有」說。在第六頌頌文的最後，詰難者引聖教，認為若按唯識家萬法唯識所現的理論，那麼世尊便不應說有「色等處」，既世尊已明言有色等處，那麼唯識家不承認識外有實境，便是違反了聖教量。但在第八頌中，世親說明世尊真正的意思，是認為內外十處是「識從自種生，似境相而轉。」。故世尊說色等處，並非真認為有離識實有的境。

「識從自種生，似境相而轉。」說明了世親在《唯識二十論》中，對於「離識無實境」，也就是「三界唯識」的看法。一切的色法皆是「似境相」。由眼耳鼻舌身識的種子，生起眼耳鼻舌身識，眾緣和合後產生非實有色的形相，故名「似」。世親在第八頌長行中，解釋道：

> 論曰：此說何義？似色現識，從自種子緣合轉變差別而生。佛依彼種及所現色，如次說為眼處、色處。如是乃至似觸現識，從自種子緣合轉變差別而生。佛依彼種及所現觸，如次說為身處、觸處，依斯密意說色等。〔註66〕

以眼識為例：眼識的產生，是由眼識種子，待眾緣和合，緣色等對境，便產生了眼識。並依眼識種子，名「眼處」，依眼識所現之「似境相」，名「色處」。對世親而言，在《唯識二十論》中並沒有提到「阿賴耶識」，但依世親的理論，有眼識種子戴眾緣而起的「眼處」與「色處」，都是由藏攝於阿賴耶識的種子所變現的。至於「識」如何「轉變」，待《唯識三十頌》方確立。

《唯識三十頌》中，第一頌即標示了「識轉變」的內涵：

> 由假說我法，由種種相轉。彼依識所變，此能變唯三。（《唯識三十

頌》第一頌頌文）

種種法生起，是由「識變」而來，而此「識變」之內容有三：

　　謂異熟思量，及了別境識。（《唯識三十頌》第二頌頌文前半）

「異熟能變識」指的是「阿賴耶識」，攝藏於其中的種子具有殊勝之力，待眾緣和合成熟之際，便能變現出境相，又稱「初能變識」；「思量能變識」指的是第七識「末那識」，這是說阿賴耶識中所攝持之種子雖然成熟，亦依賴末那識不斷的向內執我，產生其「思量」之作用，又名爲「第二能變識」；「了別能變識」指的是前六識，雖然第七、第八兩識，具有能變的性質，但是仍然必須前六識依六根，了別六塵，又名「第三能變識」。

　　關於阿賴耶識與色法的關連，可見《唯識三十頌》中的第三頌：

　　不可知執受，處了常與觸。作意受想思，相應唯捨受。

阿賴耶識的所緣，是「執受」和「處」。「執受」指的是「種子」與「根身」，「處」指的是「器世間」，也就是有情存在的物質世界。「種子」能爲阿賴耶識所緣，與此兩者之間「能變」的關係有關。在《成唯識論》中如此解釋：

　　能變有二種：一「因能變」，謂第八識中等流、異熟二因習氣，等流
　　習氣由七識中善、惡、無記，熏令生長；異熟習氣由六識中有漏、
　　善、惡、熏令生長。二「果能變」，謂前二種習氣力故，有八識生，
　　現種種相。〔註67〕

「因能變」，是指第八識所攝持的種子之轉變，由潛藏的種子起現行，轉變爲第八識，在這個部份的「轉變」中，種子是因，第八識是果，故名「因能變」；而「果能變」，則是第八識生起之時，前七識也相繼生起，在八識以及八識之心所上，各自生起相分與見分。

　　由於世親的立場是主張因果同時，所以雖然「因能變」與「果能變」就理論上來說是兩種變化，但這兩種變化其實是同時產生的，由種子起現行使阿賴耶識生起而說「因」，又從阿賴耶識因種子而生起時，同時也產生了「見分」與「相分」。而八識變現相分與見分時，八識所相應的的心所，也各自變現出了相、見二分。

　　在「根身」的部份，五色根都是由阿賴耶識所攝持之種子待眾緣聚合後，起現行成地、水、火、風四大種，再由四大種形成色根與色身。故雖唯識家也

〔註67〕《成唯識論》卷 2（CBETA, T31, No.1585, p.7, c1-5）。

說四大種，但並不是單純物質性的說法，而仍是由種子起現行所產生。〔註68〕「處」是以有情本身的種子爲因緣，而共業爲增上緣，招感地水火風四大種，再構成有情所居之器世間。

所以在唯識家世親的理論中，不管是根身、色法，乃至於有情存在的器世間，都是由阿賴耶識所攝藏的種子待眾緣和合後起現行而來，以此而說「境非實有」。那麼對於這樣非實有的外境之認識如何可能，在前文中有提到八識和與其相對應的心所均會變現出「見分」與「相分」，唯識學乃是以此解釋有情對外境的認識。

2、對外境之認識如何可能

就唯識學家的理論，外境爲識所變現，並非實有，那麼有情如何對非實有的外境產生認識之作用？《唯識二十論》的第十四頌之論文，詰難者以認識論的角度質疑唯識家：

> 諸法由量刊定有無，一切量中現量爲勝。若無外境寧有此覺：我今
> 現證如是境耶？〔註69〕（《唯識二十論第十四頌長行》）

有情對外境直觀的認知爲「現量」，「現量」並未有任何分別的思維功能，只是以感官直覺去量知色等外境之自相。詰難者提出的質疑是，若境非實有，有情要如何有現量的感知？就外境實有論者的立場，現量的產生必須要有一個真實的對境，方有被感知的對象，但唯識家認爲「離識無實境」，那麼對於一個非實有的外境，現量要如何產生？

世親在《唯識二十論》的第十五頌以「夢」回應了這個詰問：

> （頌曰）：現覺如夢等，已起現覺時。見及境已無，寧許有現量？論
> 曰：如夢等時，雖無外境，而亦得有如是現覺。餘時現覺應知亦爾，
> 故彼引此爲證不成。又若爾時有此現覺：我今現證如是色等，爾時
> 於境能見已無，要在意識能分別故，時眼等識必已謝故。刹那論者
> 有此覺時，色等現境亦皆已滅，如何此時許有現量？〔註70〕

窺基在《唯識二十論述記》中認爲，此是在破「正量部」以及「薩婆多部」的理論。世親除以「夢」作解說，認爲夢境非實有，但有情仍能在夢境之中

〔註68〕《成唯識論》卷2：「謂異熟識，由共相種成熟力故，變似色等器世間相，即外大種及所造色。雖諸有情所變各別，而相相似處所無異。」（CBETA, T31, No.1585, p.10, c13-15）。

〔註69〕《唯識二十論》卷1（CBETA, T31, No.1590, p.76, b15-17）。

〔註70〕《唯識二十論》卷1（CBETA, T31, No.1590, p.76, b18-25）。

對夢境所有之物產生現量。另外，世親破除正量部「現覺」的理論是：正量部認為，當有情對外境產生「感知此物」的想法時，眼等識與所緣外境早已謝滅，認識的階段已進入第六識「比量」的功能。故就認識上來說，現量是虛妄的。

從《唯識二十論》的內容可知正量部的理論為：

1、五識並沒有分別計度的功能，必須等到第六識意識，才會產生認識作用。

2、五根、五識、五境和合後隨即謝滅。

3、意識並不是和五識並起的，意識也不緣外境，意識緣的是五根、五識與五境和合後的影像。

而世親欲破除的薩婆多部的說法，窺基認為是薩婆多部：

> 論：剎那論者有此覺時。
>
> 述曰：下破薩婆多等。此等執境及心心所，皆念念滅。名剎那論。
> 　　　有此覺時，釋頌第二句，牒彼所計。
>
> 論：色等現境亦皆已滅。
>
> 述曰：此正申難，釋第三句頌。及境已無，眼等六識，不俱時起。
> 　　　起此覺時，要在意識，但非現覺，能緣已無，所緣現境，亦
> 　　　皆已滅。即此現覺所有詮智，現在緣時，不及現境，此已滅
> 　　　故，故證不成。應立量言：起此覺時，必非現量。是散心位
> 　　　境已無故。如散心位緣過去世百千劫事。大眾部等，剎那既
> 　　　同，六識俱時，雖小不同，頗亦同此。〔註71〕

薩婆多部主張心識不俱起，李潤生在《唯識二十論導讀》中，對此的詮釋是：

> 心、心所法與等境，其作用皆念念滅。故彼意識起「我今現證如是
> 色、聲等境」的「現覺」時，彼現量的能緣是與所緣境，悉皆已滅。
> 〔註72〕

薩婆多部的是以「三世實有」、「法體恆有」為基本理論的，就正量部與薩婆多部的理論，現量都是才生即滅的，故不能以此說境為實有。

《唯識二十論》的主旨，是強調「境非實有」，故雖破斥了兩者對於「境」的看法，但卻未對「若境非實有」，那麼有情如何對非實有之境產生「認識」。

〔註71〕《唯識二十論述記》卷 2（CBETA, T43, No.1834, p.1000, a24-b5）。

〔註72〕李潤生：《唯識二十論導讀》，（台北：全佛出版社，1999.01）頁 232。

在《唯識三十頌》中，雖說明了「境」乃由「識變」而來，也說明「觸」、「受」、「想」、「思」等心所，是與八識心王並起，但也未言明「認識」是如何可能。

爲世親《唯識三十頌》做註解的諸位論師對「認識」的理論，則出現不同的看法：安慧的一分說，認爲不能對「識」做出產生「見分」與「相分」的分別，而將之歸於一識；難陀的二分說，按無著《攝大乘論》中提出的「唯二依他性」，建立了「見分」與「相分」，陳那的三分說，除了「見分」與「相分」外，另立了「自證分」；護法的四分說，除「見分」、「相分」、「自證分」外，又立了「證自證分」的概念。

無論是幾分說，其不變的基礎是，無論是外境，亦或有情對外境的認識功能，都是由識轉變所生起的，如《成唯識論》所言：

> 變謂識體轉似二分，相、見俱依自證起故。依斯二分施設我法，彼二離此無所依故。或復內識轉似外境，我法分別熏習力故。諸識生時變似我法，此我法相雖在內識，而由分別似外境現。〔註73〕

因識體的轉變而起「相分」與「見分」，而「相分」、「見分」，都是依「自證分」而起，有情能對外境產生認識，是由於內識之轉變，而似外境現，故說「境非實有」，而有情也是依內識所生起的「見分」，來認「似外境現」的「相分」。

由於世親認爲「八識可俱起」，故不會有經部上座認識論，在認識過程中的每一刹那銜接處會產生「斷裂」的缺陷，將一切認識的對象與認識的功能歸於阿賴耶識，也有別於繁瑣易產生矛盾的部派理論，而走向「萬法唯識」之路。

〔註73〕《成唯識論》卷1（CBETA, T31, No.1585, p.1, a29-b4）。

第五章 結 論

第一節 總 結

　　本文以世親《唯識二十論》爲主要研究文本，探討唯識學家世親，在《唯識二十論》中，如何批判經部思想，並從世親批判經部之處，回溯與經部相關的論書原典如《大毘婆沙論》、《俱舍論》、《成實論》、《順正理論》等，整理出其中與經部相關之思想，並與世親所批判之部分作對照，以此釐清世親對經部思想的批判，並且更近一步探討世親進入唯識學後的立論與經部思想的關連。以下分成三部份作結論：

一、從「經部」到「唯識學」

　　本篇論文先從經部之「名稱」上，考察「經部」之名在部派佛教發展史中所指涉的對象，故從經部的眾多名稱中，試圖釐清「經部」一詞的概念。以「異部宗輪論」、「部執異論」與「十八部論」三本論書爲第一手資料，整理出經部有「說度部」、「說轉部」、「相續部」、「說經部」、「經量部」等不同之漢譯名稱。其中「說度部」、「說轉部」與「相續部」，皆是以一部之重要教理立爲其名。其最重要的理論便是有情從此世移轉至後世，有一「根邊蘊」（或作本陰），也就是相續不斷的細意識，作爲使此世至後世，造業與承受業報之主體具有同一性。而「說經部」、「經量部」則是可以觀察出經部相對於說一切有部「重論」的立場，採取回歸經典的方式。且在本篇論文第三章中，也可歸納出經部的理論，如在「心、心所」方面，的確是與說一切有部不同，

並較接近原始佛說。

而探究了經部相關各重要論書及論師的時代與背景，並釐清其歷史淵源及時代後，筆者認為「經部」的內涵，不能以《異部宗輪論》等史料方面之論書中窺其全貌。「經部」之發展源遠流長，從《大毘婆沙論》中的譬喻師法救、覺天、鳩摩羅多；《成實論》論主訶梨跋摩；《俱舍論》論主世親；新有部論師眾賢在《順正理論》中記載的經部上座室利邏多及其弟子大德邏摩，經部思想的發展實有其源流。而當時經部思想興起的背景，乃是由於對有部，「三世實有」說的反動，經部思想較自由，易與異說結合，而其發展的地點從有部興盛的西北印開始向東發展，故取得更多自由發展的空間。

世親在《唯識二十論》中對經部思想批判的部分有「獄卒是否為有情數」、「極微說」及「認識論」。「獄卒是否為有情數」牽涉到經部的「業論」、「熏習說」、「時間觀」以及「心意識結構」，「極微說」則牽涉到經部對於「境為實有」以及「對外境的認識如何可能」。故此為本篇論文第三章所探討的重點。

二、《唯識二十論》中的經部

本文透過世親在《唯識二十論》中對經部「業論」、「種習論」、「極微說」所提出的批判，再度去審視經部這幾個被批判的理論，並延伸到經部之「時間觀」與「心、意、識結構」。

在「種習論」與「業論」方面，世親批判經部「業熏習餘處，執餘處有果」，筆者認為世親所批判的，是世親自己在《俱舍論》中提出的「色心互熏說」，世親承先代軌範師之說，認為「無色界無色，無心定無心」，故發展出心與根身相互持種熏習的「色心互熏」理論。但對於唯識家世親而言，「熏在此處，而果生起在彼處」是有缺陷的理論。世親認為熏習處與果生起處應該是相同的，但在《唯識二十論》中，僅止於批判此處，並沒有再更近一步提出「阿賴耶識」，「阿賴耶識」的思想要到《唯識三十論》才全面的建立。另外經部在「業論」有兩個重要的理論，一為將業因歸於一「思」，重視「思」對於造業的影響，偏向唯心的路線；二為讓業力存續的方式，脫離有部所認為的「存於色身」之中，世親更提出了「種子」說，並規定「種子」之內容為「相續、轉變、差別」。此「種子」說，是世親邁向唯識學之前的先驅思想。

在「心、意、識結構」與「時間觀」方面，經部系論師對於「心」的說法，可歸納為兩點：1.沒有心所。種種差別相，只是心本身之差別。如《婆沙》

中的譬喻師；2.有心所之名，但不將「心的功能」與「心」分開，「心所」只是「心」的分殊相，仍是與心爲一。如《俱舍論》中記載的經部師。世親在《俱舍論》中，認爲「無想定」、「滅盡定」無細心存在，與經部上座立場相左。從此可以看出，世親在「心」與「心所」的理論，應仍是採取有部的立場。就因爲世親不承認在「無想定」、「滅盡定」中有相續不斷的細心存在，故在《俱舍論》「色心互熏說」中的「心」，筆者認爲應是指在「無想定」、「滅盡定」中悶絕、無作用的心法，也就是眼、耳、鼻、舌、身、意識。至於《唯識二十論》中，批判經部許熏習處在「識相續」中，但其生果處在餘處，窺基《述記》中所說的「熏在識中」的「識」，指的也就是心法中的「六識」。至於「時間觀」上，經部是採取「過未無體」與「刹那滅」的理論，在「業」招感「果」的過程中，經歷了種子「相續、轉變、差別」的變化。正因「法」是「刹那滅」的，故經部須提出這樣的說法，來說明業因如何感果。「法」由前因所熏之種子經過「相續、轉變、差別」而生，而「現法」自然謝滅後，其潛在力又復熏爲種子。故在「過未無體」與「刹那滅」的時間觀上，提出「種子熏習說」作爲解釋「業」招感「果」的過程，是必須的。

在「極微說」及「認識論」的部份，《唯識二十論》批判的經部「極微說」，是新有部論師眾賢在《順正理論》中記載的經部上座室利邏多的「極微和合說」，上座以「極微和合」說，說明「極微」與「法」之間的關連，「法」是由「極微」和合而成，而上座認爲極微本身是「無方分」的，但是在「無方分的極微」如何產生「有對」的「法」，從《順正理論》中的記載看來，上座本身似乎也無法自圓其說。而「無方分的極微」是不能被五識所緣的，要其「和合體」方能成爲五識的所依與所緣。至於如何對「極微」所和合成的外境產生認識，眾賢在《順正理論》中所闡述的上座認識論，「認識」的過程中至少要有三個刹那，第三個刹那是「受」這個心所的生起，向前推算，第二刹那應是「識」與「觸」的產生，第一刹那則是「根」與「境」的接觸。然而經部的時間觀是「刹那滅」的，在第二刹那生起之時，第一刹那已經消滅，而在第三刹那生起之時，第二刹那亦已消滅。經部上座的認識論所遭遇的困境，就是在認識外境的過程中，每一個刹那會產生斷裂的現象。現代學者法光法師曾提出以「隨界」作爲第二刹那與第三刹那之間的聯結，但另外一位學者耿晴認爲，經部「認識過程」中的第二刹那產生時，由第二刹那產生「隨界」的第一刹那，而「認識過程」中的第三刹那產生時，「隨界」才能形成。

所以法光以「隨界」作爲第二刹那與第三刹那之間的連結，在理論上是有困難的。筆者亦同意耿晴之說法。

三、《唯識二十論》對經部的批判

經部理論所遭遇到的問題，筆者在第四章的部份重新做一整理，並探討了世親在《唯識二十論》中對這些經部理論的批判，重新審視本章所討論的經部理論，在世親的經部思想過渡到唯識之間的承接與變化。

世親在《唯識二十論》中直接批判到的經部觀點，是經部的「種習論」與「極微說」。在「種習論」方面，世親批判的是自己在《俱舍論》中提出的「色心互熏說」；在「極微說」方面，則是批判新有部論師眾賢《順正理論》中，記載的經部上座室利邏多之「極微和合說」。

經部思想在發展上，一直有著趨向「唯心」的傾向，如經部先驅——《大毘婆沙論》中譬喻師的「刹那滅」理論與「身語意業，皆是一思」，與說一切有部「三世實有、法體恆存」的思想，已經走向不同的道路；而《成實論》論主訶梨跋摩主張「諸業皆以心差別」，離心則無思，也無身、口業；眾賢《順正理論》中記載之經部上座室利邏多提出「舊隨界」的說法，作爲業熏習如何感餘生果的解說，而上座雖然是屬於經部中的「有心所」派，但是他認爲在「滅盡定」中，並沒有「心所」生，而是有不斷的細心，成爲業因與業果之間的聯繫者。且在整個心與心所法的生起過程，都是次第而非同時的；《俱舍論》論主世親，不採取有部的無表色，而提出「種子」之「相續、轉變、差別」的功能，作爲業因業果之間的聯結，並提出「色心互熏說」，強調心與根身相互持種熏習。雖然世親與經部上座，對於「無心定」是否有心，所採取的立場不同，但上座的「舊隨界」與世親的「種子」，其功能都是作爲業因業果之間的聯結，內容也都包含了「相續」與「轉變」，而世親「種子」說則是較「舊隨界」多了「差別」。無論是「舊隨界」還是「種子」，都已脫離了有部重視色法的立場。

爲了瞭解世親在《唯識二十論》中所批判的經部思想，是否屬於較爲成熟的經部思想，則必須進一步探討《唯識二十論》所批判的經部思想在經部發展史中的位置與價值。筆者認爲世親的「色心互熏說」繼承先代軌範師「無色界無色，無心定無心」的說法，發展出了「色身與心相互持種」，讓種子在無色界與無心定，均不會產生無所依的狀況。可以說是經部種習思想發展到

較完善的狀態，印順法師認為世親在《大乘成業論》中放棄了色心互熏說，倡導細心相續，作為種子受熏及所依處，達到了大乘與小乘的交界點，故對於世親本身理論上的發展而言，「色心互熏說」也是進入大乘的前一階段。在經部上座「極微和合說」方面，上座建立了經部「所緣無實」的理論，這樣的思考，已經脫離有部的「實有論」而較接近唯識學的理論，但因其承認色法分析到最後仍有一不滅之極微實體，這是主張「萬法唯識所現」的唯識家所不允許的。故世親對經部上座的「極微」說提出批判，有欲從根本反駁部派對「色法」的定論，達到「安立大乘三界唯識。」的目的。

而世親如何以「唯識」的角度去批判經部的思想？首先在「種子義」唯識學有「種子六義」的理論，而在六義中，主張「果俱有」、「刹那滅」，在生滅的一瞬間新果已經生起，屬於無間生果。而「恆隨轉」亦是如此，種子在熏習、起現行與使果生起的過程中，是沒有間斷的。唯識家以此解決了「相續」上設否產生斷裂的疑問。另外便是「引自果」。在「色心互熏說」中，根身與心相互持種，相互熏習，但在唯識學的種子性質中，只有色法之種子能生色法之果，心法則歸心法，不能交互熏習。

在「識轉變」方面，世親將「相續、轉變、差別」與阿賴耶識結合的關鍵在其作《大乘成業論》，在《大乘成業論》中，世親將阿賴耶識定義為「攝藏一切諸法種子」，所以「相續」、「轉變」、「差別」的意義，從《俱舍論》中的「種子」擴大到《大乘成業論》中「攝藏一切種子」的「阿賴耶識」。若將「相續」、「轉變」、「差別」的功能歸於阿賴耶識，那麼就唯識家對阿賴耶識的定義，就不需要如經部系的諸論師，為「無色界」、「無心定」是有無色或有無心，發展出各種不同的熏習說。而是直接間熏習與果生起之功能收攝於阿賴耶識之中，解決了「熏習處」與「果生起」處不同的矛盾。

世親在《唯識二十論》中批判「極微說」，間接證成「外境非實有」，而在《唯識三十頌》中則是直接提出了「外境非實有」的正面理論——萬法皆由「識轉變」而來。而在「認識論」的部份，為世親《唯識三十頌》做註解的諸位論師則出現不同的看法：安慧的一分說，認為不能對「識」做出產生「見分」與「相分」的分別，而將之歸於一識；難陀的二分說，按無著《攝大乘論》中提出的「唯二依他性」，建立了「見分」與「相分」，陳那的三分說，除了「見分」與「相分」外，另立了「自證分」；護法的四分說，除「見分」、「相分」、「自證分」外，又立了「證自證分」的概念。無論是幾分說，

其不變的基礎是，無論是外境，亦或有情對外境的認識功能，都是由識轉變所生起的，因識體的轉變而起「相分」與「見分」，而「相分」、「見分」，都是依「自證分」而起，有情能對外境產生認識，是由於內識之轉變，而似外境現，故說「境非實有」，而有情也是依內識所生起的「見分」，來認「似外境現」的「相分」。「有情對『非實有』之外境如何產生認識作用」這個議題，唯識家所提出的說法，在理論上正可自圓其說，但理論上之推論是否能充分解釋實際上的經驗，尚有討論的空間。

第二節　回顧與前瞻

本文最初寫作的動機，是因爲讀了世親的《唯識二十論》，發現唯識家世親爲證實「三界唯識」及「外境非實有」的理論，批判了許多不同的部派，並以破爲立。其中值得注目的是《唯識二十論》批判了經部，而在佛教發展史上，多認爲經部與唯識學有相當密切的關連。

世親，本從有部出家，後來吸收經部學說造《俱舍論》，《俱舍論》中多處捨棄有部理論而採用經部義。故從世親的思想變化中，也可見有部思想、經部思想以及唯識思想的變化。故本文選擇《唯識二十論》作爲研究文本，探討世親在《唯識二十論》中批判經部的思想有哪些，並回溯世親所批判的經部思想之源流以及其他相關經部思想，並考察其原典。再進一步檢討世親對在《唯識二十論》中對經部思想的批判是否得當。最後，以世親進入唯識學派後，在相同的議題上如何以唯識的觀點作解釋。

但本文主要著重在從研究文本上做分析，若再進一步，可從世親本身思想上的變化再作探討，首先是經部的內部，尚存有許多歧見，尤其是世親與經部上座室利邏多，對於「無心定有無心」的議題，持有不同的看法，可以從此處擴大，深入探討經部內部思想的矛盾與歧義。而世親從經部進入唯識學，其思想前後之變化，亦可再繼續做深入的探究。

或者可與西方哲學結合，如引用 Gadamer 本體詮釋學方法，透過《唯識二十論》理解量部，就是漢文本進行視域融合，並試圖在文本開放的詮釋循環中自覺自己所批判之問題意識，探討《唯識二十論》與經量部兩種不同視域的融合所產生的效果，展示《唯識二十論》批判經部之前理解結構，並參考近人研究觀點，以此重新審視經部的立場及唯識學批判之前見。

　　經部是一個以「反對說一切有部」為立場而產生的部派，在思想上具有自由的特色，故其內部歧見相當多，雖同屬經部，也會出現不同甚至相對的理論。再者，經部的思想散見於各論書如《大毘婆沙論》、《俱舍論》、《成實論》、《順正理論》中，目前有關經部思想的專著唯有日本學者加藤純章的《經量部の研究》，但本書所使用的經部文本代表，仍以《俱舍論》、《順正理論》之內容為主。要從各論書中整理出屬於經部的思想並予以架構化，是相當困難的學術工程，但是若要更深入研究經部思想，以及更進一步探討經部到唯識學之間思想的繼承與變化，此乃是一個必須慢慢進行整理與研究的方向。

參考書目

一、古典佛教論著

1. 《中阿含經》大正藏第一冊，No.26。

2. 《雜阿含經》大正藏第二冊，No.99。

3 《增壹阿含經》大正藏第二冊，No.125。

4. 世友著，後秦鳩摩羅什譯：《十八部論》大正藏第四十九冊，No.2032。

5. 世友著，隋・眞諦譯：《部執異論》大正藏第四十九冊，No.2033，。

6. 世友著，唐・玄奘譯：《異部宗輪論》大正藏第四十九冊，No.2031。

7. 世親著，後魏・瞿曇般若流支所譯：《唯識論》大正藏第三十一冊，No.1588。

8. 世親著，唐・玄奘譯：《唯識二十頌》大正藏第三十一冊，No.1590。

9. 世親著，唐・玄奘譯：《唯識三十頌》大正藏第三十一冊，No.1586。

10. 世親著，陳・眞諦譯：《大乘唯識論》大正藏第三十一冊，No.1589。

11. 世親著，唐・玄奘譯：《大乘成業論》大正藏第三十一冊，No.1609。

12. 世親著，唐・玄奘譯：《阿毘達摩俱舍論》大正藏第二十九冊，No.1558。

13. 迦旃延子造，五百羅漢釋，北涼天竺沙門浮陀跋摩共道泰等譯：《阿毘曇毘婆沙論》大正藏第二十八冊，No.1546。

14. 五百大阿羅漢等造，唐・玄奘譯：《阿毘達磨大毘婆沙論》大正藏第二十七冊，No.1545。

15. 龍樹著，唐・玄奘譯：《大智度論》大正藏第二十五冊，No.1509。

16. 眞諦譯：《婆藪槃豆法師傳》大正藏第五十冊，No.2049。

17. 德慧著，隋・眞諦譯：《隨相論》大正藏第三十二冊，No.1641。

18. 普光：《俱舍論記》大正藏第四十一冊，No.1821。

19. 隋‧吉藏：《三論玄義》大正藏第四十五冊，No.1852。

20. 唐‧玄奘：《大唐西域記》大正藏第五十一冊，No.2087。

21. 唐‧窺基：《唯識二十頌述記》大正藏第四十三冊，No.1834。

22. 唐‧窺基：《異部宗輪論疏述記》卍新纂續藏經第五十三冊，No.844。

23. 唐‧窺基著：《成唯識論述記》，大正藏第四十三冊，No.1830。

24. 智周著：《成唯識論演祕》大正藏第四十三冊，No.1833。

25. 眾賢著：《順正理論》大正藏第二十九冊，No.1562。

26. 陳那著，唐‧玄奘譯：《觀所緣緣論》，大正藏第三十一冊，No.1624。

27. 獅子鎧（訶梨跋摩）著，鳩摩羅什譯：《成實論》，大正藏第 32 冊，No.1646。

28. 護法等諸菩薩造，唐‧玄奘譯：《成唯識論》大正藏第三十一冊，No.1585。

二、近人研究專著

（一）中文著作

1. Surendranath Dasgupta 著，林煌洲譯：《印度哲學史》，（台北：編譯館，1996 年）。

2. 于凌波：《唯識二十頌‧觀所緣緣論新釋合刊》，台北：圓明出版社，1999.01.01。

3. 于凌波：《唯識三論今詮》台北：東大出版社，1994。

4. 方倫：《唯識三頌講記》，高雄：佛光出版社，2005.09.01。

5. 印順法師：《印度佛教思想史》，台北：正聞出版社，1988.01.01。

6. 印順法師：《唯識學探源》，台北：正聞出版社，1944.10。

7. 印順法師：《初期大乘佛教之起源與開展》台北：正聞出版社，1981。

8. 印順：《說一切有部為主的論書與論師之研究》新竹：正聞出版社，1968。

9. 印順著：《性空學探源》新竹：正聞出版社，2003 新版二刷。

10. 呂澂：《印度佛學源流略論》，台北：大千出版社，2003。

11. 李世傑：《印度部派佛教哲學史》，台北：彌勒出版社，1983.01.01。

12. 李潤生：《唯識二十論導讀》，台北：全佛出版社，1999.01。

13. 釋演培著：《印度部派佛教思想觀——人間佛陀》，台北：天華出版社，1990.01.01。

14. 釋演培著：《唯識二十頌講記；八識規矩頌講記》，台北：天華出版社，1989.01.01。

15. 釋演培著：《印度部派佛教思想觀》，（台北：天華出版社，1999 年二刷）。

（二）日文著作

1. 水野弘元・中村元等人著，許洋主譯：《印度的佛教》，台北：法爾出版社，1988 年。。

2. 橫山紘一著，許洋主譯：《唯識思想入門》，台北：東大圖書公司，2002年五月。。

3. 加藤純章著：《經量部の研究》，日本：春秋社，1989 年。

4. 舟橋一哉著，余萬居譯：《業的研究》，台北：法爾出版社，1988.01.01。

5. 木村泰賢著，釋演培譯：《大乘佛教思想論》，台北：天華出版社，1989.01.01。

6. 水野弘元：《佛教教理研究——水野弘元著作選集（二）》（台北：法鼓文化出版社，2004 年六月初版二刷。

7. 宇井伯壽：《四譯對照唯識二十論研究》，日本：岩波書店，1953 年。

三、期刊論文

（一）中文期刊論文

1. 工藤成性：〈世親對於萬有實相論的看法〉，《現代佛教學術叢刊》，1980.10.01。

2. 化聲：〈《俱舍論》時間之研究〉，《現代佛教學術叢刊》第 22 期，1980.10.01。

3. 王恩洋：〈《二十唯識論》疏〉，《現代佛教學術叢刊》，1980.10.01。

4. 如實佛學研究室：〈《唯識二十論》及其相關典籍〉，《法光學壇》創刊號，1996.06.01。

5. 李世傑：〈俱舍的法體恆有論〉，《現代佛教學術叢刊》第 22 期，1980.10.01。

6. 林鎮國：〈「唯識無境」的現代爭論——管窺英語唯識學界研究趨勢〉，《鵝湖學誌》第十一期，1993。

7. 高揚：〈試論經量部的學說〉，《南亞研究》，1985.04.01。

8. 寂安：〈《俱舍論》〈界品〉之研究〉，《現代佛教學術叢刊》第 22 期，1980.10.01。

9. 張玉欣：〈對《俱舍論》的宗義和「三世實有」說的探究〉，《諦觀》第77 期，1994.04.01。

10. 曹志成：〈經量部種子思想的探討〉，《諦觀》第 79 期，1994.10.01。

11. 曹彥：〈從極微論看佛教時空及涅槃觀〉，《佛學研究》，2002.01.01。

12. 雪松：〈二十唯識論述要〉，《現代佛教學術叢刊》，1980.10.01。

13. 黃雪梅：〈經量部的業思想研究——試析在《中論》『業品』中的種子譬喻和細心 17.相續，業力因果之間的關聯性和矛盾性〉，《正觀雜誌》，

1997.12.25。

14. 楊白衣：〈俱舍要義〉，《現代佛教學術叢刊》，第 22 期，1980.10.01。

15. 楊白衣：〈唯識三十頌之研究〉，《佛光學報》創刊號，1976.03.01。

16. 靖如：〈唯識二十頌略解〉，《獅子吼》，第 24 期，1985.02.01。

17. 僧愍：〈《唯識二十論頌》釋〉，《現代佛教學術叢刊》，1980.10.01。

18. 徹爾巴茨基：〈關於《阿毘達磨俱舍論》〈破我品〉〉，《現代佛教學術叢刊》第 22 期，1980.10.01。

19. 劉定權：〈經部義〉，《現代佛教學術叢刊》，1980.10.01。

20. 磐石：〈世親及其著作〉，《現代佛教學術叢刊》第 24 期，1980.10.01。

21. 濟群：〈《唯識二十論》的唯識思想〉，《法音》，1992.04.01。

22. 羅光：〈印度佛教有與空論〉，《現代佛教學術叢刊》第 92 期，1980.10.01。

23. 羅光：〈俱舍論——業感緣起〉，《哲學與文化》，第 6 期，1979.09.01。

24. 釋如定：〈經量部「種子熏習」思想開展之探微〉，《福嚴佛學院第八屆高級部學生論文集》，1999.06.01。

25. 釋圓信：〈從 ākāra 的意涵探討經量部的認識論〉，《第十八屆佛學論文聯合發表會》，2007.09.16。

26. 彭景輝：〈夢喻的探究——以《唯識二十論》爲探討對象〉（華嚴專宗學院佛學研究論文集。

27. 耿晴〈意識如何緣取五識的內容？以說一切有部與經量部的論爭爲中心〉（台哲會「批判與反思哲學研讀會」，2010.05.07。

（二）日文期刊論文

1. 木村泰賢：〈部派佛教中的幾大問題〉，《現代佛教學術叢刊》第 95 期，1980.10.01。

2. 木村泰賢：〈各派及其阿毘達磨〉，《現代佛教學術叢刊》第 95 期，1980.10.01。

3. 加藤宏道：〈経量部の種子説に関する異説とその是非（唯識思想の研究）〉，《仏教学研究》，1987.06。

4. 福田琢：〈加藤純章著：《經量部の研究》〉，《佛教學セミナー》第 50 期，1989.10.30。

5. 櫻部建：〈經量部の形態〉，《印度学仏教学研究》第 2 期，1953.09.30。

6. 橫山紘一：〈世親的識轉變〉，《唯識思想》台北：華宇出版社，1985.12。

四、學位論文

1. 李孟崧：《俱舍論對業論之批判》，香港：能仁書院哲學研究所，1983.07.01。

2. 溫金柯:《阿毘達磨俱舍論的諸法假實問題》,台北:私立中國文化大學哲學研究所,1988.06.01。

3. 陳世賢:《「法體」與「時間」關係之研究——以《俱舍論》與《順正理論》對「三世實有」之論辯為主》,(中國文化大學哲學研究所博士論文,2008年出版。

附　錄

世親之說法	外道、部派對世親之反駁	備　註
安立大乘三界唯識，以契經說三界唯心。心、意、識、了，名之差別。此中說心意兼心所。唯遮外境，不遣相應。內識生時，似外境現，如有眩翳見髮蠅等。	若識無實境，即處時決定，相續不決定，作用不應成。（《唯識二十論》第一頌）	
處時定如夢，身不定如鬼。同見膿河等，如夢損有成。（《唯識二十論》第二頌）		
一、破部派執獄卒為離識實有		
一切如地獄，同見獄卒等，能為逼害事，故四義皆成。（《唯識二十論》第三頌）	如天上傍生，地獄中不爾，所執旁生鬼，不受彼苦故。（《唯識二十論》第四頌）	窺基《唯識二十論述記》記載此為薩婆多部之說
若許由業力，有異大種生，起如是轉變，於識何不許。（《唯識二十論》第五頌）	業熏習餘處，執餘處有果（《唯識二十論》第六頌前半）	窺基《唯識二十論述記》記載此為經部之說
所熏識有果，不許有何因。（《唯識二十論》第六頌後半）		
論曰：執那落迦由自業力生差別大種，起形等轉變，彼業熏習理，應許在識相續中，不在餘處。有熏習識，汝便不許有果轉變，無熏習處翻執有果。（《唯識二十論》第六頌長行）		

二、破部派執內外處爲離識實有		
	依彼所化生，世尊密意趣，說有色處等，如化生有情。(《唯識二十論》第七頌)	
識從自種生，似境相而轉，爲成內外處，佛說彼爲十。(《唯識二十論》第八頌)	依斯密意說色等十，此密意說有何勝利？(《唯識二十論》第八頌長行)	
依此教能入，數取趣無我，所執法無我，復依餘教入。(《唯識二十論》第九頌)		
三、破部派執「極微」爲離識實有		
以彼境非一，亦非多極微，又非和合等，極微不成立。(《唯識二十論》第十頌)		
此何所說？謂若實有外色等處，與色等識各別爲境。如是外境或應是一，如勝論者執有分色。或應是多，如執實有眾多極微各別爲境。或應多極微和合及和集，如執實有眾多極微，皆共和合集爲境。且彼外境，理應非一，有分色體，異諸分色不可取故。理亦非多，極微各別，不可取故。又理非和合，或和集爲境，一實極微理不成故。(《唯識二十論》第十頌長行)		有分色→勝論派 五識可緣一一極微→薩婆多部 極微和合說→經部 極微和集說→順正理師
極微與六合，一應分成六，若與六同處，聚應如極微。(《唯識二十論》第十一頌)	加濕彌羅國毗婆沙師言：非諸極微有相合義，無方分故，離如前失。但諸聚色有相合，理有方分故。(《唯識二十論》第十一頌長行)	
極微既無合，聚有合者誰，或相合不成，不由無方分。(《唯識二十論》第十二頌)	若轉救言：聚色展轉亦無合義。(《唯識二十論》第十二頌長行)	
則不應言極微無合無方分故。聚有分亦不許合，故極微無合不由無方分。是故一實極微不成。(《唯識二十論》第十二頌長行)		
極微有方分，理不應成一，無		

應影障無，聚不異無二。(《唯識二十論》第十三頌)		
	謂眼等境，亦是青等實色等性。(《唯識二十論》第十三頌長行)	
一應無次行，俱時至未至，及多有間事，並難見細物。(《唯識二十論》第十四頌)		
四、破部派所執「以現量證外境為離識實有」		
	一切量中現量為勝。若無外境，寧有此覺，我今現證如是境耶？(《唯識二十論》第十四頌長行)	
現覺如夢等，已起現覺時，見及境已無，寧許有現量。(《唯識二十論》第十五頌) 如說似境識，從此生憶念。(《唯識二十論》第十六頌前半)		窺基《唯識二十論述記》言首句「現決如夢等」破經部
	未覺不能知，夢所見非有。(《唯識二十論》第十六頌後半)	
五、論「二識成決定」		
	若諸有情，由自相續轉變差別，似境識起，不由外境為所緣生，彼諸有情，近善惡友聞邪正法，二識決定，既無友教此云何成。(《唯識二十論》第十六頌長行)	
輾轉增上力，二識成決定。(《唯識二十論》第十七頌前半)		
六、論夢中造業不受果報		
心由睡眠壞，夢覺果不同。(《唯識二十論》第十七頌後半)		
七、破斥「若無外境則無殺生罪」		
	若唯有識，無身語等，羊等云何為他殺？若羊等死不由他害，屠者云何得殺生罪？	

由他識轉變，有殺害事業，如鬼等意力，令他失念等。（《唯識二十論》第十八頌）		
彌詫迦等空，云何由仙忿，意罰爲大罪，此復云何成。（《唯識二十論》第十九頌）		
八、釋「他心智」		
	他心智云何，知境不如實，（《唯識二十論》第二十頌前半）	
如知自心智，不知如佛境。（《唯識二十論》第二十頌後半）		